ELOGIOS PARA

DAÑADO
PERO NO
DESTRUIDO

"Michael Todd es un creativo comunicador con pasión por ganar gente para Cristo. Su nuevo libro te animará e inspirará para que recuerdes que tus fracasos no definen tu futuro. Sin importar quién seas o qué haya en tu pasado, ¡el Señor puede perdonarte, redimirte y hacer una nueva obra en ti! Aunque sientas que has metido la pata hasta el fondo, aún puedes ser movido por Dios. De hecho, Él tiene para tu vida un plan aún mayor de lo que jamás podrías imaginar".

—Robert Morris, pastor principal de la Iglesia Gateway
y autor de los bestsellers *Una vida de bendición*, *Más allá
de toda bendición* y *El Dios que nunca conocí*

"La sabiduría que Mike destila en las páginas de este libro no procede de un lugar teórico, sino que son experiencias amalgamadas a lo largo del tiempo y sazonadas con gracia. *Dañado, pero no destruido* nos anima a todos y, al mismo tiempo, nos deja sin excusas para hacernos las víctimas".

—Tim Ross, Upset the World, LLC

"Mike Todd no se ha limitado a escribir un libro; ha creado un modelo para ayudarnos a recuperarnos de todo lo que la vida nos depare. Su transparencia es transformadora, inspiradora y seguramente revolucionará tu vida. Puede que estés dañado, pero no estás destruido".

—Dr. Dharius Daniels, autor de *Tu propósito te llama*

"Una vez más, el pastor Michael Todd nos ha hecho un verdadero regalo. *Dañado, pero no destruido* debería estar en manos de toda persona que busque redefinir su pasado y permitir que este alimente su futuro. Hay pocos libros que equilibren la danza de ser a la vez compasivos y desafiantes. Este libro te sacará de las excusas y te lanzará a las posibilidades ilimitadas de lo que está por venir".

—Pastor Travis Greene y Dra. Jackie Greene, pastores de Forward City Church

"En el libro de mi hermano Mike Todd *Dañado, pero no destruido*, se invita a los lectores a una exploración de la fe, la perseverancia y el poder transformador de una relación personal con nuestro Señor y Salvador. La vulnerabilidad y transparencia de Mike son una inspiración para los cristianos del mundo y un emblema de libertad para quienes se sienten cautivos de los errores que han cometido. La redención está disponible y es gratuita; el testimonio de Mike Todd a lo largo de este libro es prueba de ello. Es un honor y un privilegio recomendar *Dañado, pero no destruido* y animar a cada lector a prepararse para ser transformado".

—Kirk Franklin, artista góspel ganador de un Grammy

DAÑADO
PERO NO
DESTRUIDO

DAÑADO
PERO NO
DESTRUIDO

DEL **TRAUMA** AL **TRIUNFO**

MICHAEL TODD

ORIGEN

Penguin
Random House
Grupo Editorial

Título original: *Damaged But Not Destroyed*

Primera edición: diciembre del 2023

Esta edición es publicada por acuerdo con WaterBrook,
un sello de Random House, una división de Penguin Random House LLC, Nueva York.

Copyright © 2023, Michael Todd
Copyright © 2023, Penguin Random House Grupo Editorial USA, LLC
8950 SW 74th Court, Suite 2010
Miami, FL 33156

Traducción: Daniel Esparza

A menos que se indique lo contrario, todas las citas bíblicas fueron tomadas de la Santa Biblia,
Nueva Versión Internacional, NVI, ©1973, 1978, 1984, 2011.

Impreso en Colombia / *Printed in Colombia*

ISBN: 978-1-64473-957-0

23 24 25 26 27   10 9 8 7 6 5 4 3 2

ORIGEN es una marca registrada de Penguin Random House Grupo Editorial

Este libro está dedicado a mis nietos. Puesto que
la Biblia dice que "un buen hombre deja una herencia a los
hijos de sus hijos", tomo la decisión de vivir de manera
humilde, abierta y transparente, y de afrontar mi trauma
para que ustedes, mis nietos, puedan ser todo
lo que Dios los llama a ser.

¡Su abuelo los ama!

CONTENIDO

DAÑADO
PERO NO
DESTRUIDO

EL GOLPE QUE NO VISTE VENIR

Golpe bajo

El gancho golpea la mandíbula y mi cabeza rebota sobre mis hombros. Caigo a la lona como en cámara lenta, mientras mi corta vida pasa frente a mi visión borrosa.

Me veo junto a mi hermano Gabriel elegantemente vestidos con trajes que combinan. Gabe es solo dieciocho meses mayor que yo, y de pequeños nos trataban casi como gemelos. Pero entre los diez y once años, esa cercanía comienza a desvanecerse. Ahora pasamos más tiempo peleándonos que hermanándonos.

Apenas ayer vi a nuestra familia reunida, feliz, riendo en la Feria Estatal de Tulsa. Gabe y yo ganamos un par de guantes de boxeo decorados con la bandera americana. Estábamos tan contentos. ¿Por qué no podíamos seguir así?

Veo a dos hermanos discutiendo y molestándose hasta que su madre no lo soporta un minuto más. La veo ayudándolos a ponerse los guantes y subirse a la cama, que mágicamente se transforma en un cuadrilátero de boxeo como los de Las Vegas. En casa de los Todd las peleas son severamente desalentadas, así que esto es extraordinario.

Veo descender un micrófono que surge entre las luces sobre el cuadrilátero (es decir, desde el ventilador de techo) y oigo al presentador y árbitro (mamá) explicar las reglas:

1. No golpear en la cara.
2. No golpear en las partes privadas.
3. Y... ¡A pelear!

Escucho rugir al público y me veo a mí mismo, un hermanito frustrado al que le ha llegado la hora de brillar. Soy rápido y agresivo, y estoy más que preparado, así que hago llover golpes sobre el cuerpo de Gabe: brazos, pecho, costillas, ni las piernas se salvan. Mientras tanto, mi hermano (mucho más grande que yo, pero también más lento) permanece inmóvil como una montaña, paralizado por la furia y la velocidad de mi ataque.

Oigo el silbato del árbitro que pone fin al primer asalto y doy un paso atrás para recuperar el aliento. Voy ganando. Haré que mi verdugo pague por todo lo que me ha atormentado. ¡Voy a destrozarlo! Y puede que cuando crezca me convierta en boxeador profesional, porque, vaya, soy increíble en esto.

"¡Mamáaaaaaaaaaaa!", gime Gabe. "¡No para de pegarme!". "Bueno", responde el árbitro, "intenta devolverle el golpe. Ahora, ¡pelea!".

Veo un cambio amenazador en los ojos de mi hermano. Algo se enciende, o tal vez se apaga. Veo que su brazo se levanta, como en los dibujos animados de Popeye que pasan en la tele. No estoy seguro de qué parte de mi cuerpo pretende golpear, así que agito los guantes alrededor de mi torso, intentando anticiparme para bloquear.

Lo último que veo antes de que se me apaguen las luces es el parche con la bandera estadounidense de su guante viniendo directo hacia mi linda cara, rápido como un tren. Espera. *Pero qué...*

Boom.

Justo en la boca.

TKO. (Es decir, "nocaut técnico", para quienes no están familiarizados con el boxeo y las artes marciales mixtas.)

No hay golpe como el que no ves venir.

Claro, hay golpes físicos como el que recibí de Gabe.

Pero me refiero sobre todo a heridas más profundas, mucho más profundas. Golpes que no sanan con una bolsa de hielo. Golpes que dejan moretones en tu alma. Hablo de golpes relacionales. Golpes emocionales. Golpes en el ego. Golpes financieros. Golpes familiares. Incluso, golpes espirituales.

Este libro trata de esos golpes y de cómo podemos sanar.

Pero antes de profundizar...

Permítanme presentarme

aclaro la garganta, imitando a JAY-Z

Me llamo Mike.

Mi nombre legal es Michael Alexander Todd. Soy el segundo de cinco hermanos nacidos y criados en Tulsa, Oklahoma, por dos padres increíbles, Tommy y Brenda Todd.

Mientras escribo este libro, Natalie (mi amor de toda la vida) y yo llevamos casados doce años. Ella es lo mejor que me ha pasado, la niña de mis ojos, el azúcar de mi Kool Aid, el motor de mi Ferrari (si tuviera un Ferrari), la mujer más extraordinaria sobre la tierra, la esposa de mi juventud (me detendré aquí y dejaré el resto para mi libro *La meta es el amor: Parte 2*). Nat y yo empezamos a salir cuando yo tenía quince años, lo cual, ahora que tengo hijos, me parece demasiado temprano. Fruto de nuestro amor, tenemos cuatro hijos increíbles menores de diez años: Isabella Monét, MJ (Michael Jr.), Ava Rae, y Gia Joy.

Cuando la gente me pregunta a qué me dedico, digo: "Es complicado".

Pero si quieres oírlo, aquí va.

Soy un baterista retirado y un productor musical más o menos exitoso, responsable del sistema de sonido en una iglesia en el barrio de North Tulsa. Luego, me convencieron de unirme al grupo juvenil y cuatro años más tarde los pastores fundadores me pusieron a cargo de la iglesia. Más adelante, vimos cómo nuestra comunidad, originalmente de unos trescientos miembros que en su mayoría eran afroamericanos mayores, se convertía en una mega iglesia multiétnica, multigeneracional y multiplicadora, con influencia en todo el mundo.

Si eso parece mucho, lo es.

Pero se complica un poco más.

En agosto de 2017, prediqué una serie de sermones que se viralizó. En el primer mensaje, ilustré uno de mis puntos usando pelotas de ping-pong y agua; por alguna razón, dos millones de personas vieron el video en cuarenta y ocho horas. Dos años después, publiqué mi primer libro, *La meta es el amor: Cómo ganar en el noviazgo, el matrimonio y el sexo*, que llegó al número uno de la lista de los más vendidos del *New York Times* y ya ha vendido casi un millón de ejemplares. Algo semejante es una auténtica locura... hasta que sucede; precisamente ese fue el tema de mi segundo libro, *Crazy Faith (Fe Loca)*, un manual para lograr cosas extraordinarias con Dios, basado en mi loca travesía y mis aprendizajes con la Iglesia de la Transformación. También fue un bestseller del *New York Times*.

Pero permítanme darles un poco de perspectiva. Abandoné la universidad. Por cierto, ¡saludos TCC! Entonces, ¿todas estas locuras que me están sucediendo? Nada menos que un milagro. Para el joven Mike Todd, la iglesia y la clase de inglés eran las dos cosas más aburridas del mundo. Dios es gracioso, porque ahora soy pastor y autor de bestsellers del *New York Times*. Soy la prueba de que Él usa a los "tontos" para confundir a los sabios. Todo esto es su obra y lo agradezco.

Por favor, no piensen que todo es diversión y juegos, dinero en efectivo y fabulosos premios. La primera vez que vi estrellas y pajaritos dando vueltas sobre mi cabeza fue cuando el poderoso gancho de Gabe golpeó mi mandíbula de diez años; claro que no fue el último

> Soy la prueba de que Él usa a los "tontos" para confundir a los sabios.

golpe que recibí. Muchas veces me han tirado a la lona, y estoy seguro de que me golpearán de nuevo en el futuro. Y la mayoría de las veces, probablemente no lo veré venir.

¿Alguna vez te han golpeado así?

Algunos de ustedes seguro dirán: "No, esta cara es demasiado bonita para ponerla en peligro". ¡Estoy de acuerdo! Eres precioso. Pero no estoy hablando de golpes físicos. Permíteme ser humilde, abierto y transparente para contarte algunos de los golpes que he recibido a lo largo de los años. Así nos pondremos en sintonía.

El golpe tonto

Primero te hablaré de un golpe torpe. Es una tontería porque me lo di yo mismo. Siendo joven, compré un auto de lujo que podía pagar, pero que no podía permitirme. ¿Sabes a lo que me refiero? Podía pagar las mensualidades, pero no podía darme el lujo de que algo se le estropeara.

Bueno, adivina qué pasó. Sí, se estropeó.

Durante el tiempo que mi lujoso auto estuvo en el taller, dejé que mi seguro caducara. Si estaba en el taller, ¿para qué pagar por una protección que no necesitaba? Esa lógica tenía mucho sentido para mi cerebro de veinteañero.

Después de sufrir durante semanas sin mi precioso auto, por fin recibí la llamada del mecánico para que lo fuera a recoger.

El invierno de Oklahoma estaba haciendo de las suyas ese día y había hielo por todas partes. Estaba tan emocionado que decidí no esperar a que mejorara el clima. Eso también tenía sentido en aquel momento.

De camino a casa, me disponía a salir de la autopista cuando vi un auto que giraba como un trompo delante de mí. Por instinto, frené en seco, lo que provocó que derrapara al otro carril y chocara con aquel auto. Ambos acabamos en el otro lado de la vía. Cuando empecé a salir del auto para hablar, el otro conductor se alejó a toda velocidad por la lateral cubierta de hielo buscando la siguiente salida.

No fue hasta que volví a subirme a mi precioso y lujoso auto, (que ahora necesitaba más reparaciones) que caí en cuenta de que no tenía seguro.

Me vino a la cabeza aquello de "Quince minutos podrían ahorrarte un 15 % o más". Llamé a Geico, la aseguradora, y contraté el seguro.

Un par de horas después, llamé al departamento de reclamos.

Tomando mi informe, el perito de reclamos me preguntó: "¿Tenía seguro al momento del accidente?".

Respondí: "Mi seguro estaba al día cuando sucedió el accidente".

Sí, mentí.

Esta es la cuestión: todas las mentiras son pecado, pero no todas las mentiras son un crimen. Esa mentira era un crimen llamado fraude al sistema de seguros, y era un delito grave.

Esa mentira tardó cinco años en descubrirse y acorralarme, pero sucedió, y con todo. Cuando el papeleo, la burocracia y las audiencias terminaron, yo tenía mi vida encaminada, y era pastor de jóvenes en una iglesia, donde los padres, los feligreses y mi jefe (el pastor principal) esperaban que yo fuera un modelo a seguir para jóvenes inocentes e impresionables.

Mm-hmm. Sí, claro. Fue entonces cuando tuve que entregarme en la comisaría local y ser fichado en la cárcel: huellas dactilares, ficha policial y todo el paquete. La foto de mi ficha apareció la semana siguiente en la edición local del periódico *Busted*.

Pagué mis multas, cumplí mis horas de servicio comunitario y me puse de pie delante de toda la iglesia para confesar. Fue horrible, humillante y estúpido. Fue un golpe autoinfligido que causó daño más allá de sí mismo. Y, siento decirlo, no fue el único.

¿Alguna vez te has dado un golpe a ti mismo? Tal vez lo supieras en ese momento, o tal vez no (yo sí), pero en cualquier caso, si estás cosechando las dolorosas y humillantes consecuencias de ese golpe, no eres el único.

El golpe distraído

Cuando tenía quince años, tuve la suerte de conocer a la mujer con la que me casaría. Como en aquella canción infantil estadounidense: Michael y Natalie sentados en un árbol, K-I-S-S-I-N-G.

Pero no lo voy a ocultar: aquello de "felices para siempre" no describe a cabalidad nuestra historia.

Cuando tenía diecisiete años, después de que Nat y yo lleváramos juntos un par de años, empecé a tomarme en serio mi relación con Dios. Al tratar de ser sensible a su Espíritu, sentí que me estaba motivando a pasar más tiempo con Él y menos con los demás. Así que llegué a la conclusión de que debía romper con Natalie y enfocarme en Dios. A mi chica se le rompió el corazón, pero como también amaba al Señor, hizo todo lo posible por ser comprensiva y apoyarme.

Devolví esa dulzura desinteresada fijándome en otra chica. Puedes leer los jugosos y mordaces detalles en mi libro *La meta es el amor*. Para hacerte corto el cuento, permití que mis deseos desenfrenados alimentaran la distracción. ¡Y la distracción casi descarrila mi destino! Ni siquiera puedo imaginar mi vida sin Natalie Todd. Pero casi sucedió, gracias a ese otro golpe que me di yo solito con aquella distracción.

Las distracciones nos hacen mirar hacia otro lado cuando deberíamos estar concentrados en ver hacia dónde vamos. ¿Te ha pasado? Quizá no viste venir el golpe porque tus ojos miraban en la dirección equivocada.

El daño puede reconfigurar permanentemente tu rostro y tu fe.

El golpe retrasado

Aprendamos a bucear en las profundidades. Prepara tu equipo de buceo.

Cuando recibimos este tipo de golpe, ni siquiera lo sentimos. Es lo que llamo un golpe con efecto retardado: tan feroz que, en el momento, estamos completamente aturdidos porque no tenemos la capacidad de afrontarlo, ni la madurez para entender lo que sucedió. En un instante, nuestro crecimiento se ve violentamente interrumpido.

Yo no me di cuenta de que había recibido un golpe hasta veinticinco años después. A veces nos damos cuenta de que nos han golpeado cuando encontramos restos ancestrales enterrados en nuestro comportamiento, mecanismos de defensa y recuerdos.

Vale la pena reconocer que puede ser difícil hablar de los golpes. Preferimos ocultar nuestras heridas que retroceder en el tiempo y afrontar las situaciones difíciles. Preferimos maquillar nuestros errores. Queremos editar nuestras heridas y presentar una imagen retocada que no muestre quiénes somos y dónde estamos realmente. Pero si eres humano, recibirás golpes. Sinceramente, me sorprendería que no te hubieran golpeado ya. Fingir lo contrario frenará tu crecimiento y limitará tu grandeza.

El golpe directo

¿Eres de las personas tipo A, que cuando alguien le dice que la estufa está caliente le cree? ¿O eres de las personas tipo B, que necesita tocar la estufa para verificarlo?

Por favor, necesito que respondas la pregunta.

Si aún no lo has adivinado, definitivamente soy una persona tipo B. Hay cosas que siempre he sabido que son malas y, en particular, son malas para mí. Pero durante un tiempo me daba más crédito del que merecía, y creía que podía aguantar el calor de la estufa porque era más listo, más rápido y más sabio, con el suficiente sentido común como para escapar antes de quemarme.

Pues bien, me equivoqué.

La llama candente de la perversión, la lujuria y la tentación casi me quemó vivo en la hoguera de la pornografía. En lugar de controlar mis pensamientos y acciones, era un títere manipulado por imágenes, videos y fantasías que dirigían mi vida y dictaban mis deseos. Era como un vaso sin fondo, sin capacidad para contener el agua que da vida. Durante años mi asociación con la pornografía fue un golpe directo que me dejó completamente vacío, sin posibilidad de plenitud, a merced de un ciclo de pecado sin fin. Golpe tras golpe, tras golpe, tras golpe.

El golpe catastrófico

Incluso si has conseguido evitar todos los golpes anteriores (¡por favor, cuéntame tu secreto para lograrlo!), estoy seguro de que has experimentado lo que llamo un golpe catastrófico. Es uno tan grande que no eres la única persona que lo recibe, sino que afecta a comunidades enteras, condados, países, incluso continentes. Me refiero a catástrofes como huracanes, tsunamis, tiroteos masivos, tornados, incendios forestales, erupciones volcánicas y algunos virus.

El año 2020 le dio al mundo un derechazo que nadie vio venir. El Covid-19 reorganizó viajes, negocios, educación, gobierno, finanzas familiares. Lo cambió casi todo. Nadie quedó indiferente.

Eso incluye las congregaciones como la Iglesia de la Transformación, de la que soy pastor. Era imposible prever que las puertas de nuestro edificio estarían cerradas durante más de novecientos días. Tuvimos que reimaginar, reinventar, reconstruir y recibir una nueva visión de cómo hacemos iglesia. Cambió nuestro equipo. Cambió nuestra filosofía. Me cambió a mí.

Cuando ocurren, los desastres nos hacen sentir que todo ha terminado. Que todo se acabó. Pero juntos hemos aprendido que los desastres no duran para siempre y que la gracia de Dios nos llevará al otro lado, a un lugar que nunca hubiéramos imaginado. Pero tuvimos que recibir el golpe para descubrirlo.

El golpe disfrazado

Si quieres hablar de un golpe que nunca habría imaginado, hablemos del golpe que el éxito me dio en plena mandíbula. Lo llamo el golpe disfrazado, porque no parece serlo en absoluto.

Más dinero, dicen. Más influencia, dicen. Escala. Sé un líder. Llega a la cima, y rápido. ¡Fama! ¡Fortuna! Pero nadie menciona cómo el éxito puede afectar negativamente a tu familia. Cómo puede diluir tu fe. Cómo puede desenfocarte. Cómo puede erosionar tus cimientos y poner en peligro tu futuro.

El éxito no tiene nada de malo, pero ¿de dónde sacas tu definición? ¿Cuál, o mejor aún, quién es tu fuente para definir el éxito?

Descubrí por las malas que el éxito alimentado por la fuente equivocada no es más que estrés. Luego hablaremos más sobre este tema.

El golpe tipo dominó

Un engaño es una creencia falsa que se resiste a la razón o a la confrontación con los hechos. Seamos sinceros: todos nos familiarizamos con el engaño y la negación en algún momento de nuestra vida. Por desgracia, yo me dejé llevar por el engaño cuando mi familia necesitaba que fuera claro y honesto.

Fue justo cuando comenzó a correr la voz acerca de cómo Dios estaba bendiciendo y multiplicando mi liderazgo. Recibía invitaciones para compartir la Palabra en todo el país y en el mundo. Era el invitado estelar en televisión, podcasts y radio, además, acababa de firmar contrato con una importante editorial.

Al mismo tiempo que sucedían todas esas cosas emocionantes, mi mujer empezó a expresar su preocupación porque nuestro hijo Michael Alexander Todd Jr. (le llamamos MJ) seguía sin alcanzar los hitos del desarrollo que su hermana mayor, Bella, había logrado con la exactitud de un reloj. No respondía ni interactuaba de la misma manera, y Natalie veía más señales de alarma cada día que pasaba.

Yo no estaba tan preocupado. ¿Señales de alarma? ¿Cuáles?

No había forma de que este niño fuerte y sano, con mi nombre y la belleza de su madre, no fuera perfecto. "No deberíamos comparar a MJ con Bella", le dije a mi esposa, "porque las chicas y los chicos maduran a ritmos diferentes. Es como comparar manzanas con naranjas. Dale tiempo. Es probable que sea un florecimiento tardío. Además, ¡mira todas las bendiciones que Dios está derramando en esta temporada! No perdamos de vista lo que Él está haciendo ni nos distraigamos con los 'y si...'. Dios está trabajando a lo grande, y no creo que permita que algo se descarrile. Todo y todos en el universo de Michael Todd están arriba y en el trono. Arriba y en el trono. Arriba y en el trono".

Pero finalmente llegó el día en que ya no pude negar que nuestro hermoso niño estaba retrocediendo en lugar de progresar. MJ, de dieciocho meses, había dejado de mirarnos a los ojos, había dejado de balbucear y de decir "mamá" y "papá", ya no prestaba atención a las personas amadas. Se obsesionaba con objetos aleatorios y se atascaba en comportamientos repetitivos; luego hacía rabietas épicas cuando intentábamos redirigir su atención.

Al final cedí y estuve de acuerdo con Nat en que debíamos someter a MJ a una prueba de desarrollo. Nunca olvidaré el día en el que, sentado en la consulta de la especialista, la escuché decir: "Su hijo está en el espectro autista". Estoy seguro de que intentaba ayudarnos brindándonos información, pero el nivel de detalle sobre lo que MJ podría enfrentar (¡incapacidad para controlar las funciones corporales!, ¡ausencia total de comunicación verbal!) nos abrumó por completo. Se sintió como estar de manos atadas mientras clavaban el ataúd de MJ.

¡Apenas teníamos idea de lo que era el autismo! Nunca habíamos escuchado la palabra "neurodivergente". No conocíamos a ninguna familia que estuviera lidiando con algo así. Y por la forma en que lo describió la especialista, sentí como si estuvieran sentenciando a muerte a nuestro hijo.

Natalie y yo afrontamos ese golpe del diagnóstico de formas totalmente opuestas. El impulso de Nat fue el silencio, buscar consuelo y encontrar ayuda. Lamentablemente, durante demasiado tiempo no obtuvo de mí nada de esas cosas importantes, porque mi impulso fue orar en voz más alta, trabajar más duro e insistir en que todo estaba bien, o que al menos, estaría bien si tuviéramos suficiente fe. Nuestro Dios enviaría a los ministros, los médicos y los terapeutas adecuados si declarábamos vida, esperanza, y sanidad en MJ. Todo volvería a la normalidad.

En lugar de consolar a mi devastada esposa, la aislé. En lugar de empatía, le ofrecí culpa. En lugar de enfrentar la realidad, donde Dios siempre está trabajando, me resistí. Ni siquiera quise reconocer el golpe.

El diagnóstico de MJ fue lo que yo llamo un "golpe tipo dominó", ese que inicia la imparable reacción en cadena hacia uno de dos lugares: la desesperanza o la sanidad. Recibí un golpe tan fuerte que ya no había vuelta atrás. Caería en un calabozo de desesperación o en las manos del Sanador.

Estoy agradecido más allá de las palabras porque caí (y sigo cayendo) en los brazos de Jesús. Mi golpe tipo dominó me envió a un viaje de revelación de la verdad, autodescubrimiento, empatía, intimidad, perdón, madurez en la fe y creciente plenitud. Tal vez aún no sepas cuál es tu ficha de dominó, si ya ha caído o si está tambaleándose, lista para caer con el menor soplo de brisa. Pero, en algún momento, habrá un golpe que no verás llegar, que te derribará y te exigirá que lo enfrentes. El engaño y la negación solo funcionan durante un tiempo.

Lo siento. Odio ser portador de malas noticias. Realmente lo odio. Soy un tipo de buenas noticias, literalmente. Para mí, la mala noticia es digna de mención solo porque la buena noticia es mucho mejor.

> La realidad es donde Dios siempre está trabajando.

La cubierta, el recipiente y el contenido

Hagamos un ejercicio. Depende mucho de tu imaginación. Sé que algunos apagaron su imaginación en sexto grado y la abandonaron como si fuera un juego de niños. Pero estoy convencido de que Dios nos dotó de imaginación para que captemos su visión de nuestra realidad. Así que lee esto y luego cierra los ojos. Quiero que veas con los ojos de tu mente: Imagina el regalo más primorosamente envuelto. La caja es mediana, lo suficientemente grande como para despertar tu curiosidad. ¿Será un teléfono celular nuevo? ¿Un bolso de marca? ¿El par de zapatos que siempre has deseado? ¿Las llaves de un Tesla nuevo? ¿Un viaje de diez días a Tahití y Bora Bora con todos los gastos pagados? Puede haber de todo. Deja volar tu imaginación por un segundo.

Ahora deja de leer. No, de verdad. Visualiza el regalo durante diez segundos. 10... 9... 8... 7...

¿Tu caja pesa mucho o poco? En mi imaginación, apenas puedo levantar la mía. ¿De qué color es? La mía es negro brillante. Vamos, hazla tan bonita como quieras. Algo así:

Puede que el envoltorio grite "sofisticado", con sutileza y buen gusto, o puede que grite "diversión", con toneladas de colores y listones. En cualquier caso, imagina que el envoltorio lo ha hecho un profesional, no tu padre, ni tu hijo o tu pareja. Los pliegues son impecables y no hay una huella dactilar a la vista. Es casi como si no se viera la cinta adhesiva. Lo ves y te preguntas: "¿Cómo se mantiene unida esta escultura de papel?". Una parte de ti quiere dejarlo tan perfecto como está. Pero eso sería una tontería, porque nunca sabrías qué contiene.

Ahora imagina que alguien se acerca a tu caja perfecta, saca un marcador del bolsillo y empieza a garabatear a uno de los costados de tu regalo. Nada loco, solo la mejor caricatura tuya, con un enorme bigote. Si de verdad tienes un enorme bigote, no te preocupes. También añade un corbatín con lunares y una cadena de oro estilo rapero con la palabra "Playa". No intentan destrozar tu caja ni nada por el estilo, solo añaden un poco de chispa. Ahora está llena de garabatos por los cuatro lados, y el artista comienza a crear una obra maestra en la parte superior. Sus garabatos dejan de ser gatitos y dibujitos inocentes, y empiezan a incluir tus sentimientos y frustraciones.

Permíteme recordarlo: Es tu caja. Tú no pediste que la rayaran. Tampoco te pidieron permiso, simplemente lo hacen.

Justo cuando estás a punto de confrontarlo, ese artista lleva el asunto más lejos. Saca un bate de béisbol y empieza a golpear tu caja a lo Barry Bonds ¡Paf! ¡Pum! ¡Blam! No importa que estés ahí viendo, es como si te ignoraran.

El bate se convierte en una navaja, y empieza a cortarlo todo. La navaja se convierte en blanqueador que desvanece todos los colores de la hermosa envoltura. El cloro se convierte en soplete y, cuando todo termina, el lazo está derretido, el papel quemado, y la caja carbonizada, humeante, desfigurada.

¿Tu imaginación está trabajando? ¿Puedes verla? El regalo más bonito que has recibido en tu vida se convirtió en un bulto de basura.

Lo que ves es una imagen del daño.

Permíteme ser más específico y personal: es una imagen de mi daño. Y me atrevo a decir que también del tuyo.

Quebranto.

Inseguridad.

Autoimagen distorsionada.

Miedos.

Trauma.

Perversión.

Dolor.

Fracasos.

Errores.

Decepciones.

Malas decisiones.

Relaciones equivocadas.

Ignorancia.

Arrogancia.

Cada ser humano se compone de mente, cuerpo y espíritu. Piensa en tu regalo de la siguiente manera: el envoltorio o cobertura es tu mente; la caja o recipiente es tu cuerpo; y el verdadero regalo, el contenido, es tu espíritu.

Tus relaciones, circunstancias y elecciones dañan tu envoltura (mente) y tu recipiente (cuerpo), y lo quieras o no, afectan a tu espíritu. Es inevitable. Previsible, pero inevitable. Cuando sucede, muchas veces te deja hecho un desastre, con tus pensamientos y sentimientos fragmentados y desorganizados. Tu salud física, económica y profesional están en terapia intensiva. Desde fuera, pareces destruido.

Pero tengo buenas noticias: tu contenido —lo que hay dentro, tu verdadero don, tu espíritu— no puede ser destruido por daños externos, porque tu espíritu fue hecho a mano por Dios, a su imagen. Por favor, escúchame cuando digo esto: no importa lo que te haya sucedido, no importa quién te haya lastimado, no importa cuán vacío te sientas... Quiero que sepas esto.

Lo valioso sigue dentro de ti. El valor incalculable que está entretejido en cada hebra de tu ADN todavía está en ti.

Quiero decirte claramente algo que tal vez no hayas escuchado: pueden llevar a patadas tu envoltorio y tu caja hasta el mismísimo infierno, pero nada de lo que tú o alguien más haga puede disminuir lo valioso que Dios ha puesto en ti.

Lo valioso sigue dentro de ti.

Echa otro vistazo a ese regalo roto. Si lo hubieras visto así la primera vez, ¿te preguntarías qué hay dentro? Si no lo hubieras visto como era antes de que lo destruyeran, ¿te importaría el contenido? Probablemente no. En nuestra cultura de consumo, diseñamos los recipientes para comunicar lo que hay dentro. Esperamos que la cubierta y el recipiente reflejen el valor del contenido.

Pero Dios no lo hace así.

Cuando Dios le dice al profeta Samuel que visite a los hijos de Isaí para identificar y ungir al próximo rey de Israel (1 Samuel 16), el profeta se sorprende al descubrir que el muchacho que Dios tiene en mente no es el más viejo, el más fuerte o el más guapo. "No juzgues por su aspecto ni por su estatura", le dice Dios a Samuel cuando el hijo mayor da un paso al frente. "Pero el Señor dijo a Samuel: No te dejes impresionar por su apariencia ni por su estatura, pues yo lo he rechazado. La gente se fija en las apariencias, pero yo me fijo en el corazón" (Versículo 7). David es el más joven, el más pequeño y el menos impresionante, justo como muchos de nosotros nos sentimos hoy: descalificados, mal equipados y menospreciados. Su envoltorio no comunica un contenido de "rey".

Pero el Diseñador de David —Dios— sabe lo que lleva dentro, así como tu Diseñador, Dios sabe lo que hay dentro de ti, porque Él lo puso ahí. Acostúmbrate a que lo diga, porque lo voy a decir mucho: Lo valioso sigue dentro de ti.

Puedes sentir que nunca volverás a encontrar el amor.

Puedes sentir que la adicción siempre controlará tu vida.

Puedes sentir que el fracaso de tu negocio define tu reputación.

Puedes sentir que la infertilidad te ha robado la identidad.

Puedes sentir que la carta de rechazo de la universidad determina tu futuro.

Puedes sentir que tu éxito no te permite equivocarte.

Puedes sentir que criar a tus hijos sola te dará una familia deficiente.

Puedes sentir que la vergüenza te perseguirá toda la vida.

Puedes sentir que la depresión te debilitará.

Puedes sentir que la ansiedad durará más que tú mismo.

Puedes sentir que tus mejores días han quedado atrás.

Puedes sentir que el maltrato y el abuso son ineludibles.

Puedes sentir que la soledad nunca te abandonará.

Puedes sentir que el dinero define quién eres, y que solo eres tan bueno como tu último negocio.

Puedes sentir que la presión por un buen desempeño será tu prisión.

Puedes sentir que tu esperanza no tiene sentido, que tu alegría es inalcanzable, que tu fe se desvanece y que tu amor gotea por una grieta.

Pero busca un espejo, o abre la cámara de tu teléfono y háblate: "Lo valioso sigue dentro de mí". Puede que sea la más loca afirmación de fe que hayas hecho, pero es verdad: Lo valioso sigue dentro de ti. Estás lleno del contenido del Rey.

Así es. Te lo digo: Estás lleno de ese valioso contenido.

He escrito *Dañado, pero no destruido* porque a la mayoría de nosotros nos cuesta creer que somos valiosos, especialmente cuando nuestra cubierta y nuestro recipiente han sido maltratados, cortados, desteñidos y quemados. Cuando acabes este libro, deseo que estés anclado en la verdad, que te haya calado hasta los huesos que tu contenido (tu espíritu, tu núcleo, tu esencia eterna) fue hecho a mano con amor y propósito por el Creador del universo.

Tu valor es tan significativo que cuando comprendas quién eres para Dios, tendrás el poder para alcanzar la victoria en cualquier circunstancia. Tu valía es para la victoria.

Pero eso no es lo más loco.

Dios puede usar tus heridas

No, en serio. Lee de nuevo este subtítulo. Las cosas terribles, repugnantes y dolorosas que nos ocurren no son obra de Dios, pero Dios puede utilizarlas todas. Él no desperdicia material. Nuestro Dios es el reciclador por excelencia: toma lo que cualquier otra persona tiraría y hace arte. "Ahora bien, sabemos que Dios dispone todas las cosas para el bien de quienes lo aman, los que han sido llamados de acuerdo con su propósito" (Romanos 8:28). Él quiere usar tu daño —no importa cuán malo, profundo o feo sea— para llevarte a tu destino. Él puede, y sacará provecho de todos los golpes que has recibido.

En este libro, profundizaremos en cómo Dios restaura a las personas dañadas, les devuelve el diseño divino original, con el propósito de servir a los demás y mostrar que la gloria le pertenece a Él.

Es una invitación para que tú —sí, tú— experimentes todo lo que Dios planeó para ti, incluso antes de fundar el mundo (Efesios 1:4). ¿Cómo lo sé? Porque lo estoy viviendo. Pero aún más, lo sé porque la verdad está en su Palabra, la Biblia.

Entiendo que muchas personas que lean esto no sean creyentes como yo. Y está completamente bien. De hecho, me encanta. Tú perteneces aquí, incluso sin ser creyente. Los principios de este libro tienen el potencial de transformar tu vida sin importar lo que creas.

Estamos a punto de emprender juntos un viaje de autodescubrimiento y sanidad, pero primero debemos hacer un trato.

Yo, Michael Todd, prometo ser humilde, abierto y transparente con respecto a mi propio daño.

Tu turno.

Yo, _____, prometo ser humilde, abierto y transparente con respecto a mi propio daño.

Ahora que estamos en la misma página, me comprometo a compartir la cruda verdad acerca de cómo mi daño fue infligido y cómo Dios me está sanando. Fíjate que he dicho que Dios me está *sanando*, no que ya *he sanado*. Estoy en proceso. Este viaje que estamos comenzando se trata de progresión, no de perfección.

Quiero advertirte que lidiar con tu dolor del pasado, con tus problemas del presente y con la lucha por tu futuro puede ser difícil, pero vale la pena. Avanzar hacia Dios es más importante que permanecer igual.

Abróchate el cinturón.

Prepárate.

En marcha.

2

MALDITA SEA, ESTOY DAÑADO

Maldito y dañado

¿Te tomó desprevenido el título de esta sección? ¿El pastor acaba de maldecir?

Oh, sí, lo hice.

Por favor, escúchame. Déjame decirte por qué.

Si somos honestos, cuando hemos experimentado un daño real tan implacable como las olas que golpean contra la orilla —un fracaso tras otro, un arrepentimiento tras otro, un rechazo tras otro, un abuso tras otro— quedamos devastados. En otras palabras, nos sentimos como si estuviéramos *malditos*: condenados a vivir en un perpetuo ciclo de infernal dolor, daño y desesperanza.

Si a veces has pensado: "Maldita sea, estoy dañado", yo también me he sentido así. Sí, yo, un pastor. Sí, un "hombre de Dios". Sí, un hombre que cree en la 𝕱𝖊 𝕷𝖔𝖈𝖆. Permíteme reafirmarte: ese sentimiento es correcto. Para Dios es razonable que te sientas así. Él, en su grandeza, puede lidiar con lo que realmente sientes. Jesús nos dice: "En este mundo tendrán problemas" (Juan 16:33). Y los problemas suelen ser traumáticos. Pero la mayor tragedia es no afrontar el trauma.

Si eres lo suficientemente realista como para admitir que has dicho: "Maldita sea, estoy dañado" —por los errores que has cometido, por las metas que no has alcanzado, por las violaciones que has sufrido, porque todavía estás lidiando con cosas que pensabas que ya habías superado— quiero que sepas que estás en buena compañía.

Ánimo: El actual estado de tus heridas no determina la liberación que puedes experimentar. Y el hombre que estamos a punto de conocer te demostrará cómo puedes pasar del daño al destino.

> El actual estado de tus heridas no determina la liberación que puedes experimentar.

Conoce a Fibo

Si has leído algo del Antiguo Testamento —la Biblia hebrea, la que Jesús leyó cuando caminaba por la Tierra—, seguro has descubierto que hay un montón de gente con nombres largos y desconocidos. Por cada Adán, Noé, Samuel o David, hay un Matusalén, un Hazarmaveth, un Maher-Shalal-Hash-Baz o un Ammishaddai. (Di la verdad, ¿los pronuncias o te los saltas?) Ahora vamos a conocer a un tipo con uno de esos nombres largos y raros. Es un hombre que podríamos decir que sufre injustamente. Se llama Mefiboset. Pero soy como soy, me encanta hacer reír a Dios, así que lo llamaremos Fibo.

Permíteme darte un poco de contexto sobre Fibo antes de entrar en materia, porque le da a su historia una fuerza increíble.

Esto también aplica para nosotros, ¿cierto? Ser restaurado implica que el Espíritu de Dios nos ayuda a entender nuestras heridas desde una nueva perspectiva. Su sanidad pone nuestro daño en contexto, y lo vemos como una parte del todo en nuestra historia. No importa lo lastimado que estés, tú eres más que tus heridas.

Uno de los principales personajes de la historia de Fibo es el rey David, el más famoso y querido del antiguo Israel.

> **No importa lo lastimado que estés, tú eres más que tus heridas.**

Puede que ya estés familiarizado con algunos de sus momentos estelares. Siendo un pastorcillo que no recibió invitación para la fiesta de su propia familia, David, inesperadamente, se convierte en un guerrero y utiliza una honda para matar a un gigante llamado Goliat (1 Samuel 17). Como un talentoso cantautor, compone muchos de los poemas del libro Salmos. Como rey de mediana edad, se fija en una bella mujer que se bañaba; como no es su esposa, manda a matar al marido para tener a Betsabé para él solo (2 Samuel 11), pero incluso después de todo eso, Dios lo sigue considerando "un hombre conforme a mi corazón" (Hechos 13:22; cf. 1 Samuel 13:14).

Me encanta el cine y me gusta pensar en algunos de mis actores favoritos como si fueran personajes bíblicos. No tiene nada de exactitud bíblica (¡que conste!) pero pensar en estas historias antiguas y verdaderas como si fueran una película es algo que me ayuda a dar vida a la Palabra de Dios en mi corazón. Así que Dwayne "la Roca" Johnson es definitivamente David en mi versión de esta historia. Es un tipo tremendamente fuerte, muy guapo, y le cae bien a todo el mundo. Incluso a la gente a la que él no quiere caerle bien le gusta el rey "la Roca" David. Y los pocos que lo odian es porque a todos los demás les agrada.

Pero antes de que David se convierta en rey, está el rey Saúl, el primer monarca de Israel. En la gran pantalla de mi imaginación, Saúl es interpretado por Samuel L. Jackson. Pero no el de las películas de Marvel o de *Star Wars*. Tampoco es el Sam Jackson que hace de Frozono en *Los Increíbles*. No, en mis sueños cinematográficos, todos los papeles que Samuel L. Jackson ha interpretado en cualquier película de Quentin Tarantino se mezclan. Así, mi Saúl es un tipo amenazador, peligrosamente desequilibrado, y demasiado enamorado de su poder. No empezó así, pero al final de la vida de este rey, cuando nos encontramos por primera vez con Fibo, Dios ha retirado su unción (aprobación y bendición especial) de Saúl y sus descendientes porque el rey es imprudente, inestable, y está totalmente decidido a seguir su camino, bajo sus reglas.

El hijo de Saúl, Jonatán, el heredero al trono de Israel, es interpretado en mi mente por el gran Chadwick Boseman —el mismísimo Pantera Negra—. Es sabio y valiente, honorable y compasivo (sin duda un monarca), pero también está decidido a hacer las cosas de forma diferente a su padre. El príncipe T'Jonathan (de Israel, no de Wakanda) se da cuenta de que su padre, el rey Saúl, es una bala perdida cuyo reinado tendrá un desagradable y caótico final. De hecho, sabe que Dios ya ha reasignado su unción, pasándola de Saúl a David y a sus descendientes. Se podría esperar que Jon se enojara por eso, como diciendo: "¡Se suponía que el rey sería yo!". Pero verás: Jon y David han sido mejores amigos desde los días de Goliat. La Biblia nos dice que Jon amaba a su mejor amigo "como a sí mismo" (1 Samuel 18:3) y que los dos hicieron un pacto (1 Samuel 20). Su vínculo es aún más profundo que la lealtad de un hijo a su padre. Aunque T'Jonatán sigue luchando con su padre contra los enemigos de la nación, también salva la vida de David en más de una ocasión cuando Saúl intenta matarlo.

¡Sí que son lealtades divididas! Ese tipo de drama familiar está destinado a provocar daño.

El príncipe T'Jonathan tiene un hijo llamado Mefiboset. Todo el mundo le llama Fibo (al menos en esta película). Conocemos al príncipe Fibo, nieto del rey, cuando apenas tiene cinco años de edad, el día en el que la casa real se entera de que el rey Saúl y el príncipe Jonatán han muerto en batalla contra el enemigo jurado de Israel: los filisteos. Eso ya es mucho daño para un niño pequeño, pero a Fibo le pasan todavía más desgracias:

> Por otra parte, Jonatán, hijo de Saúl, tenía un hijo de cinco años, llamado Mefiboset, que estaba tullido. Resulta que, cuando de Jezrel llegó la noticia de la muerte de Saúl y Jonatán, su nodriza lo cargó para huir; pero con el apuro, se le cayó y por eso quedó cojo. (2 Samuel 4:4)

No solo han muerto su padre y su abuelo…
No solo ya no está en la línea de sucesión al trono…
No solo debe huir para salvar su vida, y esconderse…
Además, sin tener culpa alguna, por el error de otra persona, Fibo queda físicamente discapacitado para el resto de su vida.
La gente de esa época hubiera dicho que estaba "dañado".

Cuando no es tu culpa

Esta es la historia de Mefiboset: antes de tener edad suficiente para tomar decisiones, queda dañado. En apenas un día, toda su vida da un vuelco por circunstancias fuera de su control. Pierde a su padre y a su abuelo, pierde su casa, pierde su capacidad de caminar, pierde su futuro, y pierde su identidad.

Fibo pasa de ser de la realeza a ser un fugitivo.

(No quisiera arruinarte la expectativa, pero en caso de que estés preocupado: este no es el final de la historia de Fibo. Y tampoco es el final de la tuya).

Una forma de estudiar la Biblia es buscar modelos y prefiguraciones. Es una buena estrategia para comprender a las personas y los acontecimientos anteriores a Jesús, en el Antiguo

Testamento, como prefiguraciones de la nueva vida del reino que llegaría después de la muerte y resurrección de Jesús y la llegada del Espíritu Santo. Mefiboset fue un hombre real que vivió acontecimientos reales... pero también alguien que me prefigura, que me representa a mí y te representa a ti. Es figura de cualquiera que esté dañado y, como veremos en los siguientes capítulos, nos muestra cómo el Rey sana nuestras heridas y nos restaura. Si somos honestos, reconoceremos que muchos somos culpables de ciertos aspectos de nuestra situación. Hoy cosechamos las tonterías que sembramos en el pasado, y te prometo que hablaremos mucho en este libro sobre cómo sanar esas heridas. Pero si retrocedemos lo suficiente en cualquiera de nuestras historias, lo más probable es que encontremos un montón de daño provocado por otras personas.

> Si retrocedes lo suficiente en cualquiera de nuestras historias, lo más probable es que encuentres un montón de daño provocado por otras personas.

Advertencia: contenido crudo y real

¿Recuerdas que en el primer capítulo te advertí que el contenido del libro podría ser demasiado explícito? Una de mis convicciones fundamentales como líder es nunca enseñar o predicar sobre algo por lo que no haya pasado, o por lo que no esté pasando. Creo que eso mantiene la autenticidad. Así que he decidido ser transparente contigo desde el principio. Lo que sigue puede ser duro para quienes hayan experimentado un trauma sexual, de modo que, si prefieres saltarte esta sección, puedes pasar directamente al próximo tema.

Hace unos años, prediqué una serie de sermones titulada "Damaged Goods", en la que desafié a nuestra iglesia a pasar tiempo en oración y meditación, pidiendo a Dios que nos revelara las raíces de nuestras heridas. Durante este tiempo, tuve una experiencia que me dejó en shock: recordé algo que me había sucedido y que había olvidado por décadas. A los treinta y un años, después de no tener ningún recuerdo consciente de este suceso, de repente me vi transportado en el tiempo veinticinco años atrás. Lo recordaba, tan claro como el agua, como si acabara de ocurrir. Cuando era un niño de seis o siete años, inocente, puro e ingenuo, un chico del barrio me tocó, me acarició y besó; fue un suceso tan confuso y dañino que mi mente de niño se protegió olvidándolo. No tenía ni idea, cuando estaba en primero o segundo de primaria, de qué era el sexo. Pero mi mente no podía hacer frente a la caótica mezcla de placer y vergüenza, así que se encerró en sí misma y ese trauma quedó guardado en una cámara acorazada, encadenado y enterrado en los recovecos de mi alma. Y la llave no estaba en ninguna parte. Hasta que...

Estaba orando en uno de mis mensajes para la serie, pidiéndole al Espíritu que iniciara la sanidad en la vida de otras personas, y Dios decidió comenzar a responder esa oración conmigo. Una tarde, sentado a solas, en el centro de culto de la Iglesia de la Transformación, mientras el técnico de sonido ponía música y ajustaba algunos ecualizadores, el Espíritu Santo me lo recordó todo. De nuevo, lo que voy a describir puede ser duro para algunos.

Recordé que el chico del barrio se había quedado a dormir en nuestra casa.

Recordé haberme despertado, y no entender qué estaba haciendo.

Recordé estar confundido, curioso y asustado a la vez.

Recordé sentir vergüenza e impotencia, incapaz de detenerlo.

Recordé haber actuado como si nada hubiera pasado, sin decirle nada a nadie.

Fui violado.

Estaba asustado.

Estaba avergonzado.

Estaba confundido.

Estaba *dañado*.

Veinticinco años más tarde, un día normal, sentado allí en la iglesia que dirigía, con la ayuda del Espíritu Santo, tuve una de las experiencias más poderosamente iluminadoras que puede tener un ser humano roto: recordé.

Me levanté, conduje a casa aturdido y se lo conté todo a Natalie.

Creo que ya he mencionado que ella es lo mejor de mi mundo, pero he aquí otra razón: ella escuchó con cuidadosa atención y empatía todo el dolor, la vergüenza y el horror que salía de mi boca, y cuando por fin me detuve, tartamudeando, con lágrimas en los ojos, me dijo con tanta gracia, amabilidad y delicadeza: "Siento mucho lo que te ha pasado. No fue tu culpa".

No fue tu culpa.

Lo que Nat me dijo entonces, yo te lo digo ahora.

No fue tu culpa.

Tú no lo pediste.

No querías que pasara.

Deberían haberte protegido.

No fue culpa tuya.

No se suponía que llegara tan lejos.

No estabas de acuerdo con que eso pasara.

No sabías qué hacer.

No fue tu culpa.

Dijiste que no.

Hiciste lo que creíste conveniente.

No tenías idea.

No fue tu culpa.

Tal vez eras joven e inocente, y un pariente, vecino o amigo mayor te introdujo en el sexo, o te expuso a contenidos sexuales. No fue tu culpa.

Tal vez creciste en una familia orgullosa que guardaba secretos para preservar su reputación, y te castigaron por decir la verdad. No fue tu culpa.

Tal vez creciste en un ambiente eclesiástico donde los que tenían autoridad usaban el control y la manipulación para mantenerse en el poder. No fue tu culpa.

Tal vez las personas que te criaron cometieron o permitieron el abuso verbal, físico o sexual en lugar de nutrirte, protegerte y cuidarte. No fue tu culpa.

Tal vez sufriste un desastre o una calamidad que te dejó traumatizado física, mental o emocionalmente. No fue tu culpa.

Tal vez esperaste al matrimonio para tener relaciones sexuales, pero te encontraste con la infertilidad. No fue tu culpa.

Tal vez le fuiste fiel a tu cónyuge y luego descubriste que él o ella tenía una aventura emocional. No fue tu culpa.

Tal vez nunca te sentiste seguro ti mismo. No fue tu culpa.

Tal vez tu familia te abandonó. No fue tu culpa.

Tal vez tuviste un padre ausente, nunca tuviste un padre tierno y cariñoso. No fue tu culpa.

Puede que estas cuatro palabras sean lo que tu alma ha estado anhelando. Tal vez te han eludido durante décadas. Tal vez has sentido que no las mereces. Pero hoy quiero presentarme como representante de Dios, tu Padre amoroso, y decirte: "Sea lo que sea, siento mucho lo que te sucedió. No fue tu culpa".

La diana de las heridas: lo que golpea
y lo que se clava

Antes de que avancemos, *respira*.

Inhala…

Exhala…

Uuuuufff.

Si todavía estás leyendo, estoy muy orgulloso de ti. Estás haciendo el tipo de trabajo del que la mayoría de la gente huye, pero que es necesario para transformar la trayectoria de tu vida y tu legado. Luego de aclarar que ese daño no fue tu culpa (¡no lo fue!), también debo decirte que la búsqueda de la sanidad sí es tu responsabilidad. Te lo repito: El daño no es tu culpa, pero ahora es tu responsabilidad. Puede que no tengas la culpa del golpe original, pero la sanidad no puede producirse sin tu intervención.

Definamos daño. A todos nos golpean, pero no todos los golpes dejan cicatriz, ¿verdad? Así que convengamos en que cuando hablamos de daño nos referimos a lo que deja marca, como un dardo en una diana. Si el dardo rebota o falla, no hay daño. Pero si se lanza en el ángulo justo desde la distancia justa con la velocidad y la fuerza justa, *pum*. En el blanco. Te lastiman.

Tienes razón: es totalmente, completamente, 100 % injusto. Está bien enojarse. No estás loco por desear que las cosas fueran diferentes. Pero tengo que decirte, con todo el amor del mundo, que no hay deseo que pueda eliminar la realidad de lo que pasó. Tómate el tiempo que necesites para enfadarte, para procesarlo, golpear un saco de boxeo, gritarle a una almohada, dar un largo paseo y aceptar la profunda injusticia de todo lo sucedido. Haz lo que creas necesario para sentirte mejor —orar, desahogarte con un amigo o familiar sabio, acudir a terapia profesional (en mi caso, fue todo lo anterior)—; que dicha situación no debiera haber ocurrido no cambia el hecho de que ocurrió.

Justo o injusto, el daño ya está hecho.

Para permitir que Dios inicie el proceso de sanidad, debemos reconocer los golpes que dieron en el blanco y que nos han dejado marcas. El primer paso es hacer un inventario minucioso y honesto del daño. Piénsalo de esta forma: si vas al médico con un tobillo fracturado y le dices que tienes un resfriado, ¿obtendrás la ayuda que realmente necesitas? No, porque no identificaste el verdadero problema. Debes decirle dónde está la herida, dónde recibiste el golpe.

Dios no puede sanar lo que te niegues a revelar.

Del mismo modo, Dios no puede sanar lo que te niegues a revelar.

Para ayudarte a visualizar el tipo de golpes que tiene más probabilidades de dejarte una marca, visualiza esto:

En caso de que no lo sepas, soy negro. Los negros hacemos muchas cosas excepcionalmente bien, pero algo que nunca he escuchado que hagamos bien, que tan siquiera hagamos, es jugar a los dardos. Así que cuando Dios me dio esta vívida imagen mental de los dardos y una diana como analogía del daño, no pude evitar preguntarme: ¿Los negros juegan a los dardos?

La respuesta es sí. Y algunos juegan excepcionalmente bien.

Deta Hedman es una inmigrante jamaiquina que vive en Inglaterra. Empezó a jugar a los dardos cuando era adolescente y ha sido varias veces la número uno del mundo. También fue la primera mujer en vencer a un jugador masculino en un gran torneo televisado. La señora Hedman tiene dos apodos, ambos fantásticos: "Destructora oscura" (que suena a nombre de luchadora profesional) y "Corazón de los dardos"*.

Me entusiasma el segundo sobrenombre porque me parece que a muchos de nosotros nos dañan más los dardos que se nos clavan en el corazón. Si te preguntas cuáles son los dardos en esta analogía, aquí tienes los cuatro que, comúnmente, suelen dejar marcas:

- Palabras: mensajes sobre nosotros.
- Acciones: cosas que nos hacen.
- Exposición: contacto con contenidos tóxicos.
- Entorno: atmósfera o cultura negativa fuera de nuestro control.

Has estado esquivando dardos desde que naciste. Estos dardos son las armas aerodinámicas fabricadas por tu adversario (Efesios 6:16) que apuntan hacia tu propósito, lo sepas o no. De la sala de estar al aula, del dormitorio a la sala de juntas, del juzgado a la residencia de estudiantes: los dardos vuelan por todas partes. Las palabras, las acciones, la exposición y el entorno se enfocan en nuestro envoltorio (nuestros pensamientos y sentimientos) o en nuestra caja (nuestro bienestar físico, económico y profesional) y hacen agujeros en nuestra integridad. Los dardos se clavan en cierta "área o ámbito", o también podríamos llamarlo el "dónde" de nuestra herida.

---

* "Deta Hedman: 'No pienso en cuántos títulos he ganado, ¡solo sigo la corriente!'". Love the Darts, 11 de julio de 2016, https://lovethedartsmag.com/2016/07/11/deta-hedman-i-dont-really-think-about-how-many-titles-ive-won-i-just-go-with-the-flow-really; Becky Grey, "Deta Hedman: 'No estoy aquí para complacerte. Estoy aquí para jugar a un juego que me divierte'", BBC, 13 de agosto de 2020, www.bbc.com/sport/darts/53677651.

Para sanar, debemos decirle al Gran Médico dónde nos duele. Pero te advierto: es incómodo cuando el médico examina la fractura. Cuando Dios toca esa área sensible, el ámbito o área de nuestro trauma, puede que reaccionemos nerviosos y a la defensiva. Pero te aseguro que allí es donde comienza la sanidad.

Esta es la diana del daño:

Te explico cómo funciona este sencillo juego. Cuando un dardo (palabra, acción, exposición o entorno) vuela directo a la diana, a veces golpea y se clava en cierto ámbito, entonces —ya lo adivinaste— lastima dicha área. Acompáñame mientras te explico los ámbitos o las áreas donde los daños son más comunes:

- Las decepciones son circunstancias que, por razones conocidas o desconocidas, no cumplen tus expectativas. Ejemplo: un padre que no se presenta a tu graduación.
- Las falsas enseñanzas son ideas y principios que se te presentaron como hechos, pero que no se basan en la verdad de Dios. Ejemplo: un niño al que enseñan a ser racista.
- Las elecciones equivocadas son decisiones influidas por cierta insensatez, ideas confusas o fuertes emociones que tienen un impacto negativo en ti o en los demás. Ejemplo: beber y conducir.

- El éxito acelerado es fama repentina, aumento de influencia y/o exigencias que se incrementan rápidamente. Ejemplo: ganar American Idol.
- La ignorancia es la falta o la negación de información confiable. Ejemplo: creer que la Tierra es plana.
- La responsabilidad irrazonable es una pesada carga que has adoptado por la negligencia de otra persona o porque tú mismo creíste que tenías que hacerlo. Ejemplo: un hijo que se convierte en "el hombre de la casa" a temprana edad debido a la ausencia de uno de sus padres.
- La escasez es la realidad o el miedo a no tener suficiente o a quedarse sin nada. Ejemplo: carencia de alimentos.
- Abuso es una violación o maltrato por parte de una persona o sistema. Ejemplo: violencia doméstica.
- La negligencia es la falta de cuidados o de atención. Ejemplo: un recién nacido desatendido por sus cuidadores.
- Rechazo es la negación de acceso o de aceptación. Ejemplo: no ser admitido en la universidad de tus sueños.

Ahora que ya conoces los dardos (las armas que te lastiman) y los ámbitos o áreas (dónde te lastiman), vamos a unirlo todo para hablar de la herida provocada por ese daño.

La ecuación del daño

Levanta la mano si odias las matemáticas. Yo ya levanté la mía, y la agito con total libertad. Pero permíteme ser sincero. No odio *todas* las matemáticas. Solo las odio cuando empiezan a meter letras, fracciones, decimales, símbolos, paréntesis, etcétera. ¿Pero matemáticas simples? Las entiendo. Así que si sientes escalofríos ante la idea de volver al álgebra de tus años de escuela, relájate. Vamos a mantenernos en el ámbito de lo básico. Lo prometo.

Recordando mi efímera carrera académica, lo que más despreciaba de la clase de matemáticas era la insistencia de cada profesor en que mostrara mi razonamiento. Si tenía la respuesta correcta, ¿qué importaba el procedimiento? Pero acabé aprendiendo que no se trataba de darle en el gusto al profesor, sino de entender el patrón. Cuando entendemos el patrón, podemos identificar el problema.

> **Cuando entendemos el patrón, podemos identificar el problema.**

Aprender esta ecuación ha cambiado radicalmente mi vida y la de quienes me rodean. Si realmente haces tu trabajo en esta sección, te aseguro que también te transformará a ti. La ecuación del daño funciona así:

el dardo + el ámbito o área = el daño

En otras palabras:

el arma + el dónde = la herida

Permíteme mostrarte el trabajo que hicimos unos amigos y yo una tarde mientras editábamos este libro. Son ecuaciones reales de personas reales con daños reales:

"Eres estúpido" + abuso = inseguridad

[DARDO: PALABRA]　　[ÁMBITO O ÁREA]　　[DAÑO]

padre que se va + rechazo = miedo al abandono

[DARDO: ACCIÓN]　　[ÁMBITO O ÁREA]　　[DAÑO]

encontrar porno + malas decisiones = adicción

[DARDO: EXPOSICIÓN]   [ÁMBITO O ÁREA]   [DAÑO]

iglesia tóxica + falsas enseñanzas = odiar a Dios

[DARDO: ENTORNO]   [ÁMBITO O ÁREA]   [DAÑO]

¿Empiezas a ver cómo se acumulan los daños? Esta es la ecuación que explica el daño que sufrió Mefiboset a partir de su lesión física:

abandonado de niño + abandono = vergüenza, desesperanza, pérdida de identidad

[DARDO: ACCIÓN]   [ÁMBITO O ÁREA]   [DAÑO]

Esta es la ecuación del daño que sufrí por el encuentro no deseado con el chico del barrio:

contacto sexual prematuro + abuso = perversión y vergüenza

[DARDO: ACCIÓN]   [ÁMBITO O ÁREA]   [DAÑO]

La intensa vergüenza, los pensamientos y sentimientos distorsionados que sufrí durante toda la adolescencia, incluso en la edad adulta, fueron heridas —daños— que sufrí por las insinuaciones sexuales abusivas de otra persona. No recordé el golpe hasta mucho después, pero el daño fue real. Mis ideas sobre las mujeres, las relaciones, el sexo, la amistad, el cuerpo humano, el placer y muchas cosas más estaban pervertidas, además de que una nube de condena estuvo a punto de consumirme. No tenía idea de si volvería a ver la luz del día.

La perversión y la vergüenza ni siquiera eran lo peor. Como exploraremos en el próximo capítulo, una herida sin sanar siempre nos impulsa a lanzar algunos dardos, y yo no fui la excepción.

Pero antes de que me adelante demasiado, te toca a ti.

Matemáticas con Mike

¡Hola, clase! Por favor, sáquenle punta a su lápiz porque lo necesitarán. No se preocupen. En *Matemáticas con Mike*, obtienen una A cada vez que hacen su trabajo. Aquí todo se trata de hacer el trabajo.

Como tu maestro, estoy emocionado por ti porque en la medida en la que te comprometes a reflexionar sobre las áreas de tu vida que cargan con algún daño, te acercas al umbral de una vida plena con sanidad y libertad. Esta es la vida que deseas y que mereces. Dios te hizo para eso.

Antes de hacer el trabajo difícil, pidamos su ayuda:

Dios, gracias por estar aquí conmigo en este momento, gracias por caminar conmigo a través del valle de la vulnerabilidad. Hoy te pido que me ayudes a ser humilde, abierto y transparente respecto a las cosas que me han herido y dejado vacío. Quiero ser íntegro y sentirme lleno de ti, pero no puedo hacerlo sin la ayuda del Espíritu Santo. Guíame a toda la verdad. En el nombre de Jesús, amén.

Oye, un consejo profesional: Después de hacer estas ecuaciones en privado, revisa tu trabajo y tu corazón con un compañero de estudio o con tu comunidad. Puede ser abrumador profundizar tú solo y de esta forma en las matemáticas del corazón. Pero te garantizo que este ejercicio te ayudará a sanar.

Puede que te preguntes: ¿Cómo empiezo? Relájate, busca un lugar cómodo y usa tu imaginación para volver a tu niñez y visitar al pequeño tú.

1. **Recuerda** la primera vez que experimentaste decepción, rechazo, abuso, negligencia o alguno de los otros

ámbitos o áreas del daño. (La lista completa está en las páginas 46-47.) ¿Cuál fue el área donde te golpearon?

2. **Identifica** qué dardo se utilizó. ¿Fueron palabras? ¿Fue una acción? ¿Una exposición? ¿Un entorno tóxico?

3. **Explica** en una o dos palabras cómo se manifiesta esa herida en tu vida. Este es el paso en el que tienes que ser humilde, abierto y transparente. Recuerda, Dios no sanará lo que tú te niegas a revelar.

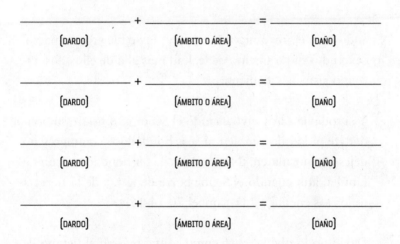

No te detengas ahora. Hay más por explorar. Si has superado estas cuatro ecuaciones y has vivido más de diez años, te reto a que hagas otras que se encuentran al final de este libro. Profundiza. Cada semilla de honestidad que siembres aquí producirá una cosecha de plenitud y sanidad.

3

DI MI NOMBRE

Mi daño no me define

Cuando los mejores amigos Jonatán y David hicieron su pacto, Jon extendió su juramento de lealtad más allá de ellos dos, incluyendo a sus descendientes:

> Y si todavía estoy vivo cuando el Señor te muestre su bondad, te pido que también tú seas bondadoso conmigo y no dejes que me maten. ¡Nunca dejes de ser bondadoso con mi familia, aun cuando el Señor borre de la faz de la tierra a todos tus enemigos! (1 Samuel 20:14-15)

David no lo olvida, pero como confía más en el tiempo de Dios que en el suyo, no es hasta que Mefiboset crece cuando David finalmente se encuentra en una posición de autoridad para hacer algo respecto a esa promesa.

El rey David averiguó si había alguien de la familia de Saúl a quien pudiera beneficiar en memoria de Jonatán y, como la familia de Saúl había tenido un administrador que se llamaba Siba, mandaron por él. Cuando Siba se presentó ante el rey David, este preguntó:

—¿Tú eres Siba?

—A sus órdenes —respondió.

—¿No queda nadie de la familia de Saúl a quien yo pueda beneficiar en el nombre de Dios? —volvió a preguntar el rey.

—Sí, todavía le queda a Jonatán un hijo que está tullido de ambos pies —le respondió Siba al rey.

—¿Y dónde está?

—En Lodebar; vive en casa de Maquir, hijo de Amiel.

(2 Samuel 9:1-4)

Lo que primero me salta a la vista: Siba identifica a Mefiboset no por su nombre, sino por su daño. ¿No es triste, que te conozcan por tu dolor y no por tu nombre? Además de ser grosero, también es relevante porque el nombre hebreo Mefiboset significa "disipador de la vergüenza". Así que cuando Jonatán nombró a su hijo, pienso que su sueño era que nunca experimentara la vergüenza. Tal vez fama y fortuna, pero definitivamente no vergüenza, y menos por ser cojo.

Pero este *odioso malintencionado*, Siba, parece pensar que el hijo de Jonatán tiene mucho de qué avergonzarse. En lugar de llamarlo por el digno nombre que le dio su padre heredero al trono, Siba etiqueta a Fibo a partir de su daño: "Está tullido de ambos pies".

Mi pregunta es: ¿te ha sucedido alguna vez? ¿Alguna vez te han etiquetado con tu dolor o dificultad?

"No digo que sea una zorra, pero tiene su recorrido".

"Nunca he conocido a nadie tan mezquino".

"Debería haberse graduado el año pasado".

"Ese tipo cumplió condena y no puede conseguir trabajo".

"Ella es tan perfeccionista".

"Ella creció en casas de acogida".

"Lo echaron de la escuela".

"Toda su familia lucha con *eso*".

"Este es su tercer aborto espontáneo".

"Su negocio se hundió".

"Él no sabe hablar bien".

"Ella vivía un 'estilo de vida alternativo'".

"Su ministerio nunca funcionó".

"Él nunca estuvo a la altura de su potencial".

"Ella siempre está enferma".

"Él tiene hijos de tres diferentes mamás".

"Su padre tiene la misma adicción".

"Ella ya se ha divorciado dos veces".

"No pudieron soportar la presión".

Siempre habrá gente que intente etiquetarte a partir de tu daño o tu punto débil en lugar de llamarte por tu nombre. Pero quiero animarte: tu nombre es poderoso. Tu nombre es único. Tu nombre tiene un propósito. Tu nombre está impregnado de identidad. Tu nombre está conectado con bendiciones. Y sobre todo eso, Dios conoce tu nombre.

Así que te pido que cuando los Sibas de tu vida intenten etiquetarte con un nombre que no fue el que te dio tu Padre, regreses a 1999, y subas el volumen de los salmos del trío Destiny's Child y, con audacia y convicción, le digas a todos esos Sibas: "Di mi nombre, di mi nombre". No tienes que responder a un nombre que no sea el que te dio tu Padre. Deja de responder.

Ya no tienes que responder cuando te llamen *adicto*, *zorra*, *delincuente* o *fracasado*. No tienes que responder cuando te nombren *cobarde*, *perezoso*, *procrastinador* o *inadecuado*. No tienes que responder a *estéril*, *roto*, *abusado* o *traicionado*. No tienes que responder ante el daño que solía definirte. Cuando estás en Cristo, Él te llama por tu nombre. Él dice: "Yo te nombro como mío. Te doy mi identidad. Mi sangre corre por

> No tienes que responder a un nombre que no sea el que te dio tu Padre.

tus venas. Tienes un propósito. Eres suficiente. Tu vida tiene sentido. Tus mejores días están delante de ti. Lo valioso sigue dentro de ti". (Consulta la lista de versículos al final del libro para ver lo que dice la Biblia sobre tu identidad en Cristo).

No importa cuán dañado estés, tu daño no te define.

Pero...

Si no permites que Dios te sane, te ayude, que profundice en tu interior y se ocupe de ello, ese daño puede descarrilar tu destino.

Nunca me dejaban tocar

Antes de cualquier otra cosa, fui baterista. Mis padres cuentan que, cuando tenía dieciocho meses, cogía perchas de la tintorería, les arrancaba los tubos de papel y las utilizaba como baquetas. Gateaba hasta la cocina, me sentaba detrás de unas ollas y sartenes y empezaba a golpearlos. En poco tiempo, los golpes se convirtieron en ritmos, las ollas en una batería profesional y el escándalo en música. Cuando llegué a la adolescencia, tocaba varias veces a la semana para el equipo ministerial de mis padres que viajaba por Estados Unidos de iglesia en iglesia durante todo el verano; también tocaba para la banda juvenil y en los actos de los niños en nuestra iglesia.

Pero, amigo, si me hubieras preguntado qué era lo que realmente quería, cuál era el deseo más profundo de mi corazón, por lo que hubiera dado cualquier cosa, te habría respondido que deseaba tocar la batería los domingos por la mañana en la "iglesia grande". (Si no están familiarizado con lo que significa la "iglesia grande", es la expresión infantil para referirse al servicio principal de adultos de una congregación). El baterista oficial de la iglesia grande era Chuck, un treintañero; yo sabía que era al menos tan bueno como él, o tal vez mejor. Así que convencí a mamá y papá para que me llevaran a mí y a mis baquetas al ensayo del coro de adultos todos los martes por la noche. Llegaría temprano, sonreiría a todo el mundo, dejaría que me pellizcaran las mejillas y me aseguraría de que notaran mi presencia. Me sentaba detrás de la batería, en una silla marrón, y utilizaba la silla de al lado para practicar, a la espera de que me llamaran para entrar en juego. Conocía perfectamente la música de atrás para adelante. Y estaba listo para mostrar a todos lo que podía hacer.

Después de la decimoséptima vez ensayando "Power Belongs to God" (gracias a que los contraltos no se sabían su parte), me descubrí viendo a Chuck tocar la batería y deseándole la muerte. Sé que es un poco extremo. Y me gustaría estar bromeando. Literalmente fantaseaba con la idea de que Chuck se caía de su trono frente a la batería víctima de un ataque al corazón o de malaria (no tenía muy claros los detalles) y me veía trepando sobre su cuerpo sin vida para hacerme cargo de la canción sin perder el ritmo.

Pero nunca ocurrió. (Por el bien de Chuck y de su familia, me alegro.) A veces, antes y después de los ensayos, me invitaban a demostrar lo que sabía hacer, y a menudo recibía elogios y ánimos de Chuck, del pastor a cargo de la alabanza, de los demás músicos y miembros del coro. "¡Estás mejorando, jovencito! Sigue practicando". Pero en cuanto empezaba el ensayo, me desterraban a la silla marrón. Nunca me dejaban tocar.

Decían que era bueno, pero nunca me dejaban tocar.

Aplaudían mi compromiso, pero nunca me dejaban tocar.

Decían que tenía talento, pero nunca me dejaban tocar.

Decían que tenía potencial, pero nunca me dejaban tocar.

No me di cuenta entonces, pero su rechazo era un ámbito o área de enorme dolor; en otras palabras, era un daño.

nunca me dejaban tocar + rechazo = obsesión por la grandeza

(DARDO: ACCIÓN)   (ÁMBITO O ÁREA)   (DAÑO)

Es posible, incluso probable, que hubiera razones perfectamente legítimas para que decidieran dejar al adolescente sentado en el espacio de los niños, pero el daño estaba hecho. Semana tras semana, me rechazaban. Mes tras mes, ese rechazo se convirtió en daño. Año tras año, inconscientemente empecé a formar mi identidad en torno a ese golpe.

Recuerdo la última vez que me senté en esa silla granate detrás de Chuck mientras tocaba la batería. Fue el momento que me transformó en alguien que nunca antes había sido. Tenía muy claro que ser bueno no era suficiente. Tenía que ser genial. Nada menos que genial. Aquella noche, al salir del ensayo del coro por última vez, hice un íntimo voto: nunca me conformaré con ser bueno. Necesito ser genial.

Algunos nos definimos por nuestros daños, sin darnos cuenta.

¿Cómo iba yo a saber que esa experiencia de rechazo marcaría tantas de mis futuras decisiones y decepciones? Es imposible reconocer un daño del que no somos conscientes, y es especialmente difícil ser consciente de un daño cuando lo afrontamos de una forma que externamente parece buena. Si no nos fijamos bien, no parece haber ningún daño.

¿Has visto alguna vez a alguien con un increíble afán de superación, pero que es en realidad su forma de huir de algo? ¿Has visto alguna vez a alguien que hace reír a todo el mundo, pero los chistes son una fachada para no llorar?

> No todo lo que parece bueno en tu personalidad proviene de un buen lugar.

¿Has visto alguna vez a alguien cuya vida parece perfecta, pero algo te dice que es un intento agotador de mantener el control?

Permíteme hablar desde mi experiencia. No todo lo que parece bueno en tu personalidad proviene de un buen lugar. Si eres como yo, puede que tu motivación tenga sus raíces en el rechazo (¡Nunca me dejaban tocar!). O puede estar arraigada en la decepción. La de otra persona puede estar arraigada en el abandono. Pero es imperativo que cada uno de nosotros descubramos la raíz de nuestra motivación, porque nuestro fruto siempre está conectado con nuestra raíz.

> **Nuestro fruto siempre está conectado con nuestra raíz.**

Debemos descubrir qué nos impulsa.

Revisa el motor

Permíteme hacerte una pregunta cuya respuesta quizá desconozcas: ¿qué tipo de motor tiene tu auto? *Emmmmmm...* es probablemente lo que estás pensando en este momento. Algunos entusiastas de los autos probablemente lo sepan, pero a la mayoría de nosotros no nos importan estos detalles, mientras el motor nos lleve a donde necesitamos ir. (Confesión: No tengo idea del tipo de motor de ninguno de los autos que he tenido). Fanáticos de los autos o no, todos estamos de acuerdo en que sin motor no hay avance.

Ahora, te haré otra pregunta, pero más personal: ¿qué tipo de motor impulsa tu vida?

Todo el mundo afronta los daños de formas distintas. A veces, los mecanismos con los que afrontamos el dolor son insanos de entrada, como el consumo de sustancias, los hábitos para adormecer el dolor, o la dependencia de la agresividad para defenderse de los abusos; lo más frecuente es que esos mecanismos sean formas de adaptarnos que parecen beneficiarnos, al menos durante un tiempo. Ese fue mi caso. De joven, afronté el dolor del rechazo impulsándome para pasar por encima de lo bueno en busca de lo extraordinario. Fue entonces que cambié mi motor.

Sin inconvenientes, ¿verdad?

Muy bien.

Ciertamente el impulso hacia la grandeza me ha ayudado a superar expectativas sobre mi desempeño. El motor que me instalé inconscientemente mientras estaba pegado a aquella silla marrón era ruidoso y potente. Era como el motor de uno de esos Subaru WRX modificados con gigantes entradas de aire sobre el capó y llamas de alto octanaje saliendo de los tubos de escape de fibra de carbono. Para quienes que no sepan qué es lo que acabo de decir, o a quienes no les importe, es como el motor de uno de esos coches de la película *Rápido y furioso*.

Lo que no sabía es que se paga un precio por conducir tu alma (tu mente, tu voluntad, tus emociones) a 7,000 revoluciones por minuto. Es demasiado rápido. Es inseguro. Y puede causar daños al vehículo (es decir, a ti) y a terceros.

> **Cuando tu herida es la que conduce, sin duda habrá una tragedia.**

Cuando tu herida es la que conduce, sin duda habrá una tragedia.

Permíteme contarte algunas ocasiones en las que mi herida era la que manejaba y hacía avanzar mi auto.

Para nuestra boda, Nat y yo nos quedamos despiertos toda la noche anterior (no exagero, toda la noche) colgando bolitas de cristal de las lámparas de la iglesia para que parecieran candelabros; no teníamos dinero para alquilar candelabros de verdad. Mi novia durmió media hora la mañana de nuestra boda porque una buena boda no era suficiente para mí. No cenamos en nuestra recepción porque estábamos ocupados alimentando a cuatrocientas personas y asegurándonos de que tuvieran la experiencia de su vida; ni siquiera tuvimos un primer baile porque estábamos agotados. Hoy miro las fotos de nuestra boda y me da vergüenza. Podríamos haber dormido bien, pero colgar esos cristales y aparentar que teníamos más dinero del que realmente había en nuestro presupuesto era la prioridad. Podríamos haber disfrutado de una buena comida entre nosotros y con nuestra familia y amigos, pero impresionar a la gente era más importante. Podríamos haber tenido un hermoso primer baile, pero lo bueno no era suficiente.

Me he disculpado sinceramente con mi esposa muchas veces desde entonces. Pero, honestamente, en aquella época no sabía lo que me impulsaba. Ahora que entiendo mis heridas, puedo ver que cuando el daño está al volante, caemos de cabeza en los problemas.

Me encantaría decir que esa fue mi única tragedia, pero digamos que mis heridas han sido el chofer de mi auto una y otra vez. Si mi motor es el rechazo y me impulsa a ser extraordinario (no solo bueno), entonces, dondequiera que vaya, mi herida aparecerá.

Apareció en la escuela secundaria cuando me postulé para presidente de la clase.

Apareció cuando Dios me pidió que dejara mi pasión (la música) para perseguir mi vocación (el ministerio).

Apareció cuando me convertí en padre y mi hijo tenía retrasos en su desarrollo.

Apareció cuando dirigí una organización y no tenía suficiente personal.

Las formas como nos adaptamos a nuestros daños pueden parecer beneficiosas a primera vista. Pero, en algún momento lo descubriremos: las heridas que no han sanado siempre se convierten en obstáculos. ¿Siempre? Siempre, en todos los sentidos. Hasta entonces, lo neguemos, lo sospechemos o lo aceptemos, nuestra herida es el chofer, y no es de los buenos. Cuanto más tiempo nos conduzca el daño, más probabilidades tendremos de acabar en una zanja.

El tablero que indica el daño: abrir el capó

Para quienes hemos permitido que nuestras heridas tomen el control del timón, aquí hay una buena noticia: Cuando Dios te diseñó, instaló un tablero con todo tipo de luces y sonidos para ayudarte a vigilar tu valioso vehículo. (¡Porque lo valioso sigue dentro de ti!) Pero este tablero solo es útil si le prestas atención. Si ignoras las luces intermitentes y los sonidos de advertencia durante el tiempo suficiente, ya no serás sensible a los indicadores destinados a mantenerte a salvo. Llegará un momento en que ya no verás ni escucharás las advertencias, hasta el día cuando te ofrezcas a llevar a alguien y ocurra una de dos cosas:

1. Te miran aterrados desde el asiento del copiloto, temiendo por su vida a causa de las luces intermitentes y las alarmas.
2. Te dicen que te detengas porque es imposible que tu vehículo llegue a su destino en ese estado.

En otras palabras, nuestros indicadores de daños son más evidentes en las relaciones. Es más probable que nos demos cuenta de que la luz roja del motor lleva tres meses (o tres años) parpadeando cuando hay alguien en el coche con nosotros.

> **Nuestros indicadores de daños son más evidentes en las relaciones.**

¿Has escuchado el dicho: "Gente herida hiere gente"? Es cierto hasta cierto punto, pero creo que es aún más exacto decir: "Gente herida *que no sabe que está herida* hiere gente". Todos estamos heridos. Dañados. Pero no tenemos que quedarnos en la autopista y fingir que todo va bien. En lugar de eso, podemos detenernos, abrir el capó de nuestra vida y echar un vistazo a lo que realmente ocurre ahí dentro. Con un mantenimiento de rutina en manos de nuestro Creador, no causaremos estragos en las carreteras, ni atropellaremos a transeúntes inocentes. No es necesario que reventemos un neumático o que se funda el motor yendo a alta velocidad por la autopista para seguir el ritmo que nos impone esta cultura tan acelerada. No tenemos por qué ser un peligro para nosotros mismos y para los que nos rodean, a quienes estamos llamados a ayudar. Y el cambio empieza por prestar más atención a los indicadores en el tablero que nos advierten sobre nuestras heridas.

Familiaricémonos con nuestro tablero diseñado por Dios. Echa un vistazo a los números y flechitas que oscilan. Cada uno muestra algo a lo que debes prestarle atención: hábitos o actitudes que indican daño en el sistema bajo el capó. Cuando estás bajo presión, ¿a dónde vas? Por ejemplo, ¿te vas al extremo de la hiperactividad o te paralizas? Cuando estoy bajo presión, impulsado por mis heridas, me voy al extremo. Nada de dormir, Red Bull, traigan a todo el mundo aquí, hagamos realidad eso. Mi mujer, por otro lado, cuando está bajo presión, baja la velocidad. Dormir y más dormir, té caliente, que todos se vayan, y solo Dios sabe lo que pasará. Cuando nos dejamos llevar por nuestros daños, cada uno de nosotros va hacia un lado o hacia el otro, y esos medidores señalan cuándo necesitamos una afinación.

Ten en cuenta que se trata de medidores, no del daño en sí. Señalan el daño subyacente que necesita la intervención del Maestro Mecánico.

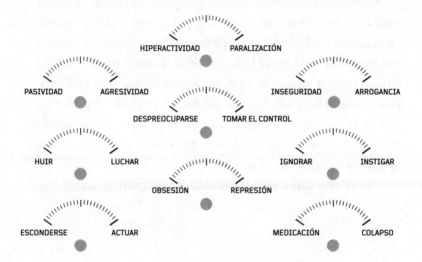

El daño nos empuja hacia un extremo o al otro de cada medidor, pero las personas que están progresando en su proceso de sanidad se quedan en el punto medio. Lo llamaremos punto saludable. Estar en ese punto no significa que tu motor nunca se recaliente o que jamás te sientas agobiado. Más bien es tener la capacidad de nivelarse con la ayuda del Espíritu Santo.

Por ejemplo, en el indicador Inseguridad/Arrogancia, yo me situaría entre la Arrogancia y el punto saludable, ya que naturalmente me inclino más hacia el orgullo que hacia la inseguridad. (Cuando me dejo llevar por el daño que sufrí cuando no me dejaban tocar la batería, el dial se inclina más hacia la derecha). Otro ejemplo, mi medidor de Obsesión/Represión se inclinaba muchísimo hacia la represión antes de que el Espíritu me llevara a recordar el abuso sexual que sufrí. Hoy estoy más cerca del punto medio saludable porque he hablado de ello, he ido a terapia, rindo cuentas ante la comunidad y estoy recibiendo ayuda para sanar.

Reflexionar sobre tus impulsos, hábitos y actitudes cuando estás bajo presión te pone a ti, en lugar de a tus heridas, de nuevo en el asiento del conductor. Entonces, ¿hacia dónde apunta tu indicador cuando estás bajo presión? Tómate unos minutos para echar un vistazo al tablero. Tranquilízate y respira profundamente. En cada uno de los medidores que te presento, dibuja la flecha que muestre tu indicador personal. Cuando tu daño es quien conduce y estás bajo presión, ¿hacia dónde apunta la aguja de tu medidor?

(No te apresures. Estaré justo aquí cuando regreses).

Buen trabajo. Ahora que has echado un vistazo a tu tablero, permíteme llamar tu atención sobre algo que compartí contigo hace no mucho: *Hoy estoy más cerca del punto medio saludable porque he hablado de mis daños, he ido a terapia, rindo cuentas ante la comunidad y estoy recibiendo ayuda para sanar.*

Ohhhhhhh. Esa es una palabra de cinco letras que no nos gusta: A-Y-U-D-A.

Pensamos que solos deberíamos ser capaces de salir de todos nuestros problemas, sanar todos nuestros dolores y superar nuestras dificultades. Pero la Palabra de Dios nos dice que no es bueno estar solo:

Mejor son dos que uno,
porque obtienen más fruto de su esfuerzo.
Si caen,
el uno levanta al otro.
¡Ay del que cae
y no tiene quien lo levante! (Eclesiastés 4:9-10 NVI)

Yo necesito ayuda. Tú necesitas ayuda. Dilo conmigo:

Yo
necesito
ayuda.

> Tu sanidad está oculta en la ayuda.

La ayuda de las personas adecuadas, en el contexto adecuado, sana. Santiago 5:16 dice: "Confiésense los pecados unos a otros y oren los unos por los otros, para que sean sanados. La oración ferviente de una persona justa tiene mucho poder y da resultados maravillosos".

Tu sanidad está oculta en la ayuda. Profundizaremos en esto más adelante, pero mientras tanto, empieza a abrirte a la verdad de que pedir y recibir ayuda son requisitos para sanar. No te arrepentirás. Te lo aseguro.

DAÑADO, Y AUN ASÍ EN BUEN ESTADO

¿Transferido o transformado?

Antes de pasar del reconocimiento de nuestros daños al proceso de sanidad, permíteme darte una palabra de aliento.

Natalie y yo llevamos casi cuatro años de intensa terapia. Creemos firmemente en la teología *y en la* terapia. Sin embargo, hace unos meses, llegamos al punto en el que ambos estábamos cansados y queríamos dejar la terapia, por varias razones:

Es mucho trabajo.

Exige mucha energía e inversión.

Puede ser estresante.

Y la verdad, a veces simplemente no queremos hablar de nuestros problemas.

Comparto contigo esta información transparente sobre nosotros de forma humilde, abierta pues, si ya has llegado hasta aquí, es porque estás trabajando intensamente en tu corazón y a estas alturas puede que te sientas a punto de tirar la toalla o el libro. ¡No lo hagas! Probablemente te habrás dado cuenta de que es mucho trabajo. Exige mucha energía e inversión. Y puede ser estresante.

Pero lo estás haciendo.

De verdad, ¡*lo estás haciendo*!

A medida que continuamos este viaje juntos, me siento muy orgulloso de ti. Cada paso que des a partir de aquí es un avance hacia la mejor versión de ti mismo, una que aún no conoces, pero que te encantará.

Déjame decirte lo que nuestro terapeuta nos dijo a Nat y a mí cuando estábamos en la encrucijada de rendirnos: *Lo que no transformes será transferido.*

¡Caramba! Permíteme repetirlo:

Lo

que

no

transformes

será

transferido.

> Cada paso que des a partir de aquí es un avance hacia la mejor versión de ti mismo.

Probablemente te habrás dado cuenta, al trabajar con tu diana y tu tablero para discernir tus daños, de que al menos algunas de tus heridas fueron provocadas por tu familia… que, a su vez, fue herida por *su* familia… que, a su vez, fue herida por *su* familia… que, a su vez, probablemente fue herida por —adivinaste— *su* familia. Para muchos de nosotros, mirar de cerca nuestro árbol genealógico es como ver una interminable repetición de disfunciones y heridas. Puede que nunca se hable de estos ciclos, pero son reales.

Luego transmitimos a nuestros hijos nuestras heridas no cicatrizadas. No podemos evitarlo. Los ciclos generacionales son una trágica declaración de hechos y datos (Éxodo 34:6-9). Los "pecados de los padres" nos moldean y configuran. Y estas heridas que no han sanado se convierten en dardos que acaban agujereando nuestra integridad.

No he ocultado que la adicción a la pornografía ha asfixiado mi vida durante una década. Comenzó con el dardo de ver porno en la televisión de la habitación de un hotel durante un viaje ministerial (¡!) con mis padres. Antes de darme cuenta,

Los Picapiedra se habían convertido en *Kinky Kong*, y yo estaba atrapado. No creía que pudiera hablar de ello con nadie, así que se convirtió en un secreto que escondí en la oscuridad.

Literalmente.

Cada vez que oscurecía, me encontraba buscando la forma de volver a ver imágenes como aquellas.

Un poco más tarde, pero todavía antes de que hubiera smartphones y wifi por todas partes, mi padre trajo a casa una computadora para ayudarnos con el colegio. Fue entonces cuando descubrí que se podía encontrar de todo en esa cosa nueva llamada internet (un saludo a todos los que recuerdan la conexión a través de modem); ese fue el comienzo de una inmersión mucho más profunda en la perversión.

Nadie lo sabía. Dormía solo tres o cuatro horas cada noche, intentando satisfacer una sed que nunca podría saciar de esa manera. Pero seguí intentándolo, y se convirtió en muchas, muchas, muchas decisiones equivocadas, percepciones distorsionadas de la gente, pérdida de relaciones y —lo más perjudicial— el pecado.

Años más tarde, cuando empecé a caminar en la verdad, tuve una charla de hombre a hombre con mi padre. Le conté sobre algunos de los hábitos que estaban obstaculizando mi futuro, incluyendo mi adicción a la pornografía. En vez de regañarme, castigarme o repudiarme como yo secretamente temía, me contó una historia.

Cuando papá estaba en la Universidad Estatal de Grambling, viajó por todo el mundo como ejecutante del tambor principal de la mundialmente famosa banda de música de la HBCU. En un viaje para actuar en Nueva York, escuchó hablar de cierta calle donde "todo el mundo sabía" que podías hacer realidad tus fantasías eróticas. Digamos que no era una calle por la que darías un paseo con tus hijos. Papá, que entonces era un joven de veintitantos años, decidió pasar la velada en esa calle con, según sus palabras, "el bolsillo lleno de monedas de 25 centavos".

Me reí. "¿Para qué carajos necesitaría monedas?".

"Las monedas eran para el *peep show*, hijo". Al parecer, podías acercarte a un escaparate con cortinas, introducir una moneda en la máquina y las cortinas se corrían para mostrar a una joven desnuda que posaba y bailaba provocativamente.

Papá no durmió nada aquella noche (como yo en el instituto).

Cuando lo escuché me di cuenta de que mi padre había luchado, tres décadas atrás, con el mismo ciclo de perversión del que yo intentaba salir. En la saga generacional de la familia Todd, era exactamente la misma escena, solo que en un escenario diferente.

Cuando empecé a hablar de mi lucha, mi padre me detuvo y me dijo: "Lo siento, hijo".

Mi respuesta instintiva fue: "¿Por qué? Han sido mis decisiones".

Me expresó su desacuerdo con firmeza y con increíble compasión: "Debería haberme enfrentado a esto de forma más agresiva e intencional para que tú y tus hermanos no tuvieran que hacerlo".

¿He mencionado que tengo cuatro hermanos? Los cinco hijos de mi padre nos hemos enfrentado a este ciclo dañino en diferentes grados y niveles.

Porque lo que no se transforma se transfiere.

Sé que puedes estar cansado de discernir tu daño, de explorar tus heridas, pero por favor escúchame: lo único peor que estar dañado es permitir que tu daño se multiplique en la vida de las personas que amas. Si estás cansado de hacer este trabajo de interiorización, considera la próxima generación de tu familia. Por favor, no transmitas tus heridas a las personas que más te importan.

Tu sanidad no es solo para ti.

Los ciclos generacionales tóxicos son reales. Pero hay buenas noticias: Los ciclos generacionales transformados también existen. ¿Y si tú y yo pudiéramos ser el eje del cambio, el punto de reconfiguración para nuestras generaciones? Sé que suena como algo enorme para una sola persona, pero la Palabra de Dios nos dice que "un buen hombre [o una buena mujer] deja una herencia a los hijos de sus hijos" (Proverbios 13:22).

Cuando escuchamos este pasaje, la mayoría pensamos en seguridad financiera y riqueza. Pero, ¿y si la herencia a la que Dios se refiere también incluye la salud? Salud emocional. Salud espiritual. Salud del alma. Salud comunicativa. Salud relacional. ¿Y si el trabajo que estamos haciendo justo ahora resulta ser un tesoro de transformación para nuestra familia?

Una fortuna de florecimiento.

Riqueza de restauración.

Y una caja fuerte repleta de valía y apreciación.

Lo que intento decirte es que tu decisión de sanar tiene el poder para cambiar destinos.

> **Tu decisión de sanar tiene el poder para cambiar destinos.**

Podemos tener heridas, y el trabajo de sanar puede ser difícil, pero nosotros decidimos si le heredamos a la siguiente generación nuestro daño o lo bueno que tenemos dentro. Deja que te muestre lo que quiero decir.

Abollado por fuera

Cuando era pequeño, mis padres tenían dificultades para llegar a fin de mes. Nuestra familia practicaba la 𝕱𝖊 𝕷𝖔𝖈𝖆, esperando que Dios proveyera lo que necesitábamos, y eso significaba que a veces comíamos cereal Fruity O's genéricos en lugar de Froot

Loops de Kellogg's. Y olvídate de la Pepsi: tomábamos Shasta. Una de las maneras en que mi mamá ahorraba dinero era comprando en el estante de productos "abollados y dañados" del supermercado.

Algunos de ustedes son demasiado afortunados como para saber lo que es eso, así que permítanme explicarles.

No sé si aún existen, pero cuando yo era niño, ese estante era muy importante. Los tenderos sacaban de los estantes latas y envases estropeados con etiquetas rotas o sin etiquetas y los acomodaban todos juntos en un revoltijo (normalmente en la parte de atrás de la tienda, cerca de los baños), con precios drásticamente rebajados. Como eran envases con desperfectos, casi le rogaban a la gente que se los llevara.

Mi brillante madre, además de ser una predicadora superdotada, es capaz de hacer magia en la cocina. ¿Una lata abollada? ¿Una etiqueta rota? ¿Una caja rota? Cuanto más dañada, mejor. Era un desafío. Le encantaba demostrar que algo bonito podía surgir de algo roto. Brenda Todd sabía que aunque el recipiente estuviera dañado, lo valioso seguía dentro, y ella estaba decidida a encontrarlo. Apilaba esos productos en su carro, los llevaba a casa, hacía que sus chicos los llevaran a la cocina y hacía su magia. Cuando terminaba, nuestra familia se sentaba alrededor de la mesa como si estuviéramos en una de esas conmovedoras escenas de Hallmark y nos deleitábamos con un festín exquisito.

Sí, esas latas estaban dañadas, tenían abolladuras. Pero el contenido seguía siendo bueno. El sabor seguía ahí. Los ingredientes estaban íntegros. En las manos maestras de mi madre, lo que se consideraba dañado se convertía en delicioso. Y no solo eso: el contenido con descuento se convertía en valiosa bendición para la gente que más lo necesitaba.

Este es un ejemplo de lo que Dios ha planeado para ti. En las manos del Maestro, tus magulladuras, fracturas y manchas

> **En las manos del Maestro, tus magulladuras, fracturas y manchas pueden convertirse en una bendición.**

pueden convertirse en una bendición. Sé que parece una locura, pero es 100 % cierto. ¡Lo valioso todavía está dentro de ti!

Y Dios usará tu daño para cumplir tu destino.

Por eso la culpa, la vergüenza y la condenación son tonterías. Nadie tiene tiempo para eso. Ya sea que el daño no haya sido tu culpa o que seas total, completa y únicamente tú el culpable —o siendo realistas, la situación es una mezcla de ambos— ahogarte en la vergüenza no es lo que Dios quiere para ti ni de ti. De hecho, Su Palabra hace esta promesa:

> Por lo tanto, ya no hay ninguna condenación para los que están en Cristo Jesús, pues por medio de él la ley del Espíritu de vida te ha liberado de la ley del pecado y de la muerte. (Romanos 8:1-2)

Jesús no te condena. ¡Él quiere rescatarte! Su muerte y resurrección hacen posible tu libertad y sanidad. Sí, estás dañado. Yo también lo estoy. Todos lo estamos. Pero si perteneces a Dios en Cristo, aún lastimado, continúas en buen estado.

Hoy puedes llevarle tus heridas a Dios. Puedes poner tu desastre en las manos del Maestro.

Te tengo una pregunta directa, amigo mío. Perdóname por ser atrevido, pero ¿le perteneces a Él? ¿Le has entregado tu vida a Jesús? ¿Le has ofrecido tus moretones, tus malas decisiones y tus fracturas? ¿Confías en sus manos maestras para hacer algo vivificante de tu existencia dañada en vez de intentar reconstruirte con tus fuerzas?

Si la respuesta es no o no estás seguro, ahora mismo quiero ofrecerte la oportunidad de tu vida. La oportunidad de experimentar la redención a través del arrepentimiento. El arrepentimiento es simple: Significa "dar la vuelta". La forma en que has estado viviendo, la forma en que te has relacionado no te ha funcionado. Así que arrepiéntete. Da la vuelta. Vuélvete a Dios. Él te ama. Él quiere tener una íntima relación contigo. Te está esperando.

Si estás listo para transferirle tus cargas a Él y ser transformado en una nueva persona, ora conmigo:

Querido Dios, hoy me rindo. Estoy cansado de llevar mi vida de esta manera, y ahora mismo te entrego todo: todos mis fracasos, todos mis errores, todo mi dolor, todo el daño en mí. A partir de este momento, te pertenezco. Gracias por enviar a tu Hijo, Jesús, como pago por mis pecados. Hoy pongo mi confianza plenamente en Él. Por el sacrificio de Jesús, su muerte y resurrección, mi pecado es derrotado y destruido. Ya no tengo que definir mi vida por mis heridas. Me arrepiento. Me convierto. Hoy soy una nueva persona. Te invito voluntariamente a ser el Señor de mi vida. Envía tu Espíritu Santo para sanar mi mente, mi corazón y mi cuerpo. Renueva mi espíritu hasta que me vea, que viva y ame como Jesús. Revélame tu propósito para mí, dame fuerza y valor para seguirte dondequiera que me lleves. Cámbiame. Renuévame. Transfórmame. Soy tuyo. En el poderoso nombre de Jesús, amén.

Si acabas de declarar esta oración, ¡felicidades! Has tomado la mejor decisión de tu vida. Tu pasado está perdonado, tu futuro está lleno de sentido, tu eternidad está asegurada, y tu presente es infinitamente valioso. La decisión de poner tu vida en las manos de nuestro Maestro, le ha dado sentido a lo que está dañado en ti. A partir de ahora, te levantarás con la ayuda de una comunidad de fe que te apoyará y equipará para disfrutar de una nueva vida en Jesús. No te quedes de brazos cruzados; conéctate ahora a una comunidad cristiana.

Para todos mis amigos que ahora son parte de la familia de Dios debido a su confianza en Jesús, quiero que hagan esta declaración de **Fe Loca**:

Sí, estoy dañado, pero gracias a Cristo sigo en buen estado.

Lo valioso sigue dentro de ti; nunca lo olvides; nunca vuelvas a creer la mentira de que tu vida no vale. Y el que comenzó en ti la buena obra será fiel para completarla (Filipenses 1:6). Dios no dejará que nada de tu historia se desperdicie. Hay un propósito en tu dolor.

Este es el momento de empezar a sanar. ¿Estás preparado?

5

ESTAR DAÑADO NO ES (NI SE SUPONE QUE SEA) UN DESTINO

Un lugar sin esperanza

Mi mujer es estupenda en muchas cosas: es una esposa increíble y una madre cariñosa, es una amiga afectuosa y presente, ofrece consejos sabios y sabe cocinar. Créeme... sabe cocinar como *nadie*. Sin embargo, hay algo que escapa de su genialidad. Nat tiene problemas de orientación. Al menos una vez a la semana, no importa dónde esté en el mundo, recibo un mensaje de texto que dice algo así: "No sé dónde estoy, y no tengo idea de cómo llegué aquí. Mike, estoy atascada, bloqueada, ¿qué hago?".

Siempre que sucede, pienso (solo para mí): *¿Cómo puede ser? Con toda la tecnología de tu auto, ¿cómo es posible que estés perdida?* Es sabia en muchos otros aspectos, así que, sin dudarlo, intento ayudarla para que descubra dónde se encuentra y cómo llegar hasta su destino.

Te cuento esto, y espero que ella no me mate por hacerlo, para preguntarte: ¿alguna vez te has quedado atascado en un lugar donde no querías estar, sin saber con seguridad cómo llegaste allí?

Aquí es donde encontramos a Mefiboset: atrapado en un lugar en el que nadie querría estar.

Cuando el rey David empieza a buscar a Fibo, Siba le dice al rey que el hombre está errando por Lodebar. Este es otro nombre cargado de significado: *Lodebar* significa un lugar sin pastos.* Eso no significa mucho para nosotros, citadinos urbanos del siglo XXI, pero en una época donde la riqueza, la seguridad y el sustento dependían de la tierra y el ganado, no querías encontrarte en un lugar sin buenos pastos, desolado, estéril, aislado, donde la vida no puede prosperar. Lo que quiero decir es que la gente va a un lugar sin pastos para morir, no para vivir.

Mefiboset está atascado en un lugar así.

Antes de juzgarlo con demasiada dureza, seamos sinceros con nosotros mismos. ¿Hay algún lugar donde te sientas relacionalmente desolado? ¿Espiritualmente estéril? ¿Aislado emocionalmente? ¿Seco económicamente? ¿Hay algún lugar que se siente más como una tumba que como un jardín? Es muy posible que estés en Lodebar.

> **Si te sientes atascado, quiero que sepas que no tienes por qué vivir en Lodebar.**

Creo que todos estamos de acuerdo en que vivir en un lugar reseco y sin pastos provoca una inmensa presión. En el tablero de daños de Fibo parpadea la luz roja, suenan las alarmas, porque respondió a la presión escondiéndose. También puede que esté como aletargado, reprimido y/o medicado; las Escrituras no nos dicen realmente cuál es su estado mental. Lo que sí sabemos es que ni siquiera puede permitirse una casa en Lodebar.

Imagina lo mucho que *eso* apesta. Pasó de un palacio a no tener un lugar propio, de la realeza a la ausencia de identidad, de caminar bien a cojear, de la preeminencia a la vergüenza. Y ahora, como Siba se apresura a señalar, vive de la caridad de

---

* 3810. Lodebar, Bible Hub, https://biblehub.com/hebrew/3810.htm.

alguien llamado Maquir, quien podría ser un amigo o simplemente un ciudadano israelita leal que quiere honrar el legado de Saúl y Jonatán.

¿Ves por qué Fibo ha de sentirse atascado? No solo está físicamente lisiado, sino que además su entorno le recuerda cada día que está atrapado en un lugar donde nada crece. Si te sientes así, quiero que sepas que no tienes por qué vivir en Lodebar.

Fibo tenía cinco años cuando fue dañado, y la Biblia no dice exactamente cuánto tiempo lleva en Lodebar, pero han pasado décadas. Me pregunto en qué año dejó de tener fe en su sanidad. Me pregunto en qué semana dejó de pedir ayuda. Me pregunto qué día decidió vivir con el dolor. Me pregunto en qué momento perdió la esperanza.

Para que algo cambie en tu vida, debes tener esperanza en que puede suceder. La Biblia nos dice: "La esperanza que se demora aflige al corazón; el deseo cumplido es un árbol de vida". (Proverbios 13:12). La desesperanza te tiene secuestrado en Lodebar.

Antes de seguir adelante, tengo que preguntarte: ¿Has perdido la esperanza?

¿Has perdido la esperanza de escapar de ese agujero negro financiero?

¿Has perdido la esperanza de que tu familia pueda reunificarse y restablecerse?

¿Has perdido la esperanza de que tú y tu pareja puedan tener un hijo?

¿Has perdido la esperanza de que tu sombrío diagnóstico no sea la última palabra?

¿Has perdido la esperanza de aprender a quererte a ti mismo?

> Para que algo cambie en tu vida, tienes que querer que suceda.

¿Has perdido la esperanza de trabajar con un propósito y ganarte la vida con tu trabajo?

¿Has perdido la esperanza de que tus hijos encuentren la salvación?

¿Has perdido la esperanza de por fin dejar tu adicción?

Si estuviera contigo ahora mismo, te agarraría por los hombros, te miraría directamente a los ojos y te diría exactamente lo que le diría a Mefiboset: recupera la esperanza.

Sé que lo has perdido todo. Recupera la esperanza.

Sé que has intentado reconciliarte antes y no funcionó. Recupera la esperanza.

Sé que esos abortos espontáneos te rompieron el corazón. Recupera la esperanza.

Sé que el médico dijo que no hay nada que hacer. Recupera la esperanza.

Sé que es difícil creer que eres digno de ser amado. Recupera la esperanza.

Sé que los salarios bajos y las prestaciones nulas parecen ser tu destino. Recupera la esperanza.

Sé que parece que tus hijos están pavimentando nuevos caminos al infierno. Recupera la esperanza.

Sé que nunca has podido dejar de consumir permanentemente. Recupera la esperanza.

La esperanza es tan poderosa porque es el combustible de nuestra fe. La Palabra de Dios dice: "La fe es la certeza de lo que se espera" (Hebreos 11:1), lo que significa que tu fe se construye con esperanza. Así que lo más espiritual que puedes hacer, incluso si estás atascado y no puedes salir de Lodebar por tu cuenta, es tener esperanza.

Puedes esperar que tu situación financiera cambie para esta época del próximo año.

Puedes esperar que la restauración familiar sea tu testimonio.

Puedes esperar dar la bienvenida a una nueva y preciosa vida en tu familia.

Puedes esperar que la recuperación de tu cuerpo sorprenda incluso al médico.

Puedes esperar que Dios te revele tu valía.

Puedes esperar una oportunidad profesional con significado y bendición.

Puedes esperar que tus hijos encuentren el camino de vuelta a la verdad.

Puedes esperar ser liberado del control de la adicción.

Mientras escribo esto, me estoy emocionando porque puedo sentir que alguien se enciende con una poderosa esperanza. Estoy hablando del tipo de esperanza descrita en Romanos 15:13: "Que el Dios de la esperanza los llene de toda alegría y paz a ustedes que creen en él, para que rebosen de esperanza por el poder del Espíritu Santo" (NVI).

Él quiere llenarte de esperanza.

Él quiere que desbordes esperanza.

Él quiere que vivas en esperanza.

Él quiere que tengas una esperanza densa y contundente como un ancla. No importa la tormenta, no importan las olas, no importa la situación: La esperanza te mantendrá firme y te sostendrá.

¿Cómo lo sé? Porque la esperanza tiene nombre: Jesús. Jesús es nuestra esperanza. Jesús es nuestra roca. Jesús es nuestra ancla. Él te dice: "Yo les he dicho estas cosas para que en mí hallen paz. En este mundo afrontarán aflicciones, pero ¡anímense! Yo he vencido al mundo" (Juan 16:33). Cuando pones tu esperanza en Jesús, Lodebar no es tu destino. Es solo una parada en el camino hacia tu destino.

Así que rechaza las mentiras que el enemigo quiere que te digas a ti mismo: *Esta es la suerte que me tocó. Así tiene que ser. Supongo que este es mi destino.* Lodebar es un desvío, no un destino.

Buscado por el Rey

Imagina al rey de un país, al presidente de una nación, al jefe supremo, sentado en lo alto de su privilegiada posición, responsabilidad y riqueza, pensando en ti. Siempre es preocupante que el director piense en el plebeyo, en el ciudadano promedio, en el trabajador común. Imagino que Mefiboset estaría de acuerdo. Después de todo, en la Antigüedad era habitual que un nuevo gobernante matara a toda la familia del anterior, para asegurarse de que no quedara nadie para reclamar el trono. Así que Fibo definitivamente querría pasar desapercibido.

Pero...

La esperanza tiene nombre: Jesús.

El rey David, la persona más poderosa de todo Israel en ese momento —con una letanía de leyes que revisar, responsabilidades diplomáticas que gestionar y la carga del bienestar de una nación sobre sus hombros— decide utilizar su inestimable tiempo y energía emocional para pensar en Mefiboset. No para matarlo, sino para mostrarle bondad.

Fibo está en la mente del Rey. Siempre leo las Escrituras con la expectativa de encontrar en el texto una verdad para mí. Es como un espléndido tesoro enterrado en la arena. Otra palabra para esto es *revelación*, o verdad revelada. Cuando leo sobre el rey David pensando en Mefiboset, encuentro modelos y prefiguraciones. ¿Recuerdas los modelos y las prefiguraciones? Hay personas y eventos en el Antiguo Testamento que apuntan a Jesús y la forma en que Él se relaciona con nosotros hoy en día. Si Mefiboset es una prefiguración de nosotros y el rey David es una prefiguración de Jesús, tengo buenas noticias para ti, amigo mío: estás en la mente del Rey.

Tal vez te sientas más paralizado y sin propósito que nunca. Tal vez no tengas ni un céntimo y apenas puedas sobrevivir gracias a amigos o familiares que se compadecen de ti. Estás en la mente del Rey.

¿Estás atrapado por una dolencia física, atado por las limitaciones de tu cuerpo? Estás en la mente del Rey.

Tal vez estés bloqueado por una enfermedad mental o un trauma emocional que no ha sanado, sumido en la desolación porque tu mente fragmentada necesita restauración y renovación. Estás en la mente del Rey.

Dondequiera que esté tu Lodebar, hagas lo que hagas o dejes de hacer, estás en lo más alto de los pensamientos del Rey del universo. En otras palabras, el Rey está pensando en ti.

¡Piensa en eso! *Dios*, en toda su divinidad, te tiene en su mente a ti, en toda tu humanidad. ¡Y eso no es lo mejor! Él quiere mostrarte su amor y misericordia. Quiere sanarte. Quiere liberarte de la esclavitud. Quiere prosperarte. Quiere ayudarte.

El rey David no tiene motivos ocultos para perseguir a Fibo, del mismo modo que Dios no tiene motivos ocultos para perseguirte a ti. El rey no gana nada con su búsqueda, pero Mefiboset gana todo. Y si tú eres como Fibo, indefenso y sin esperanza en tu metafórico Lodebar, es casi imposible creer que Dios está pensando en ti. Lo entiendo. Pero eso no lo hace menos cierto.

Lo interesante de esta historia es que las heridas de Mefiboset lo condujeron a esconderse. Ha estado huyendo. Apuesto a que piensa que está tan fuera de alcance que nadie puede rastrearlo. Puede que crea que, aplastado bajo todas sus pesadas capas de daños, nadie se fija en él. Cree que ni siquiera aparece en el radar.

Pero el rey está buscando a Fibo, y no hay escondite una vez que el Rey decide encontrarte.

¿Realmente crees que estás a salvo de la gracia, la inmerecida bondad y favor de Dios nuestro Rey? Siento decepcionarte. Nuestro Rey ha puesto un rastreador de amor incondicional sobre ti. Puedes correr, pero no puedes esconderte, ni siquiera en Lodebar. Dios es implacable, como en una de esas películas de terror japonesas en las que no hay forma de escapar del espíritu que te acecha. Justo cuando crees que le has jugado la vuelta, eres tú el que se voltea y ¡te da un susto!

En mi propio camino de fe, he estado atrapado en el Lodebar de la adicción a la pornografía, el Lodebar de la vergüenza por el fraude del seguro del coche, el Lodebar del aislamiento de los amigos que han dejado el ministerio, el Lodebar de la obsesión con la grandeza, y el Lodebar de la deuda y la inseguridad financiera. Pero en cada lugar reseco del desierto en el que estuve atascado, puedo recordar el momento en que me di cuenta de que el Rey me estaba buscando.

Te doy un ejemplo de muchos que podría compartirte. Cuando tenía veinte años, era un desastre. Nat y yo aún no nos habíamos casado, pero teníamos relaciones sexuales a escondidas. También estaba engañando a Natalie y teniendo sexo con otra chica. Mi adicción al porno y al sexo ilícito estaba en el asiento del conductor, y me sentía avergonzado, inútil e impotente. Estaba atrapado en Lodebar y no veía la salida.

> *Dios*, en toda su divinidad, te tiene en su mente a ti, en toda tu humanidad.

Recuerdo perfectamente que una mañana fui a la iglesia con Nat. Apenas habíamos dado dos pasos por la puerta cuando un ministro nos llamó por nuestros nombres y nos hizo señas para que pasáramos al frente de la iglesia: "Tengo una palabra del Señor para ustedes dos".

Había llegado el momento. Se acabó todo. Nos habían sorprendido. Entonces supimos que nos iban a poner en evidencia delante de todo el mundo. Nos habían pillado. Dios sabía exactamente lo que nos traíamos entre manos y estaba a punto de darnos un escarmiento ventilando nuestros trapos sucios delante de todo el mundo (que, en aquella iglesia, era mucha gente).

En cada lugar reseco del desierto en el que estuve atascado, puedo recordar el momento en que me di cuenta de que el Rey me estaba buscando.

Busqué la mano de Natalie para consolarla, pero ella apartó la mía con un gesto y me miró como diciendo: *Niño, por favor.* La vergüenza la devoraba por dentro, igual que a mí.

Llenos de temor, empezamos a caminar lentamente hacia el frente. La ministra empezó a profetizar incluso antes de que llegáramos, tan ansiosa por transmitirnos el mensaje de Dios que ni siquiera bajó la voz.

Cuando empezó a hablar, mi mente no sabía qué hacer con lo que escuchaba. Estaba aturdido porque no era fatalidad. No era vergüenza. No era condena. Era nada menos que el Rey anunciando que estaba detrás de *mí*, y yo no podía entenderlo.

Tengo un plan y un propósito para ustedes, Michael y Natalie. Se unirán en matrimonio, y a través de su relación sanaré y restauraré matrimonios en todo el mundo. Será glorioso. Pasarán por temporadas de prueba y dolor, pero estas los perfeccionarán y arrasarán con todo lo que no pertenezca a su unión. Acudan a mí, y Yo los sanaré. Mi gloria se manifestará en su familia.

No había dado ni un paso fuera de Lodebar, amigos. Y, aun así, el Rey vino a buscarme. En ese momento supe exactamente cómo se sentía el salmista cuando preguntaba: "¿Qué es el hombre para que de él te acuerdes?".

El Rey te busca. Nunca pasas desapercibido para Él. Tu daño nunca puede ser tan pesado como para ocultarte. Bajo tu dolor, bajo tu vergüenza, bajo tu armadura de religión y juicio, bajo tu desilusión contigo mismo y con otras personas, Él sabe quién eres y el propósito para el cual te creó. Y Él nunca te abandonará.

GPS

La discapacidad de Fibo le impide fingir que no está dañado. No puede pavonearse hasta Jerusalén por cuenta propia y jugar a que todo está bien. Todo *no* está bien. No puede caminar. Sus conexiones familiares son fuente de vergüenza y deshonor. No tiene un lugar al que pueda llamar hogar. No puede reparar los daños físicos, emocionales o mentales que ha sufrido por el desgaste de años de vergüenza, así que, si verá al rey, irá dañado. No hay otra forma.

Para muchos de nosotros, sin embargo, nuestro daño no es tan obvio, lo que puede tentarnos a escondernos o fingir, en lugar de simplemente exponerlo ante el Rey. Pero Dios no miente. Dios no bendecirá a quien pretendes ser, solo a quien realmente eres. O, déjame decirlo de otra manera: Dios no bendecirá donde pretendes estar, solo donde realmente estás.

Cuando Nat se pierde, mi primer paso para ayudarla a encontrar el camino es identificar dónde está. Piensa en el GPS de tu teléfono. Si quieres direcciones, tu teléfono necesita saber tu ubicación actual. En la Iglesia de la Transformación decidimos ser humildes, abiertos y transparentes porque no podemos seguir al Espíritu de Dios a donde quiere llevarnos si nos escondemos o fingimos estar en un lugar distinto de donde realmente estamos. ¿Cómo podemos llegar al nuevo lugar que está preparando para nosotros en la Calle de la Salvación o el Bulevar de las Bendiciones si no admitimos primero que estamos en el Camino de los Mentirosos o la Calle de la Seducción o el Camino de la Religión o la Avenida Agnóstica? Cada uno de nosotros está dañado y, cuanto antes lo admitamos, antes podrá Dios ponerse a trabajar para redimirlo todo y usarlo para su propósito.

> Dios no bendecirá a quien pretendes ser, solo a quien realmente eres.

Quédate quieto y dale tu ubicación actual. No intentes moverte primero y luego activar los servicios de localización, como si no hubieras estado malviviendo o sobreviviendo bajo el Puente Roto de la Desesperanza. Quédate donde estás.

No, lo digo en serio.

Si estás en un cuchitril sucio que construiste con cartones y harapos en la Plaza de la Pobreza, quédate allí.

Si estás atrapado en el Callejón de la Ansiedad o la Calle de la Depresión, quédate allí.

Si estás escabulléndote al Hotel de la Homosexualidad, quédate allí.

Quédate donde estás y dale a Dios tu ubicación actual. Exponle todo. No trates de esconderte. Sé humilde, abierto y transparente y confía en Él para lo que sigue. Confía en que si alguien puede sacarte de tu Lodebar, es el Rey.

Hay un rastreador GPS sobre ti: tu destino, tu propósito, tu vida. Y la verdad sobre el sistema de localización y posicionamiento de Dios es esta: donde estamos no cambia quien es Él.

Llevado ante el Rey

Al rey David no le importa en qué condición esta Fibo. Él no dice: "¿Hay alguien en la familia de Saúl que aún viva y que esté bien? ¿Que no esté súper drogado? Busco a alguien decente que ya haya dejado de fumar y beber, de vagar y tener citas con gente basura. Alguien que viva en un lugar respetable, con pastos fértiles para su ganado y dinero en el banco".

No, incluso después de escuchar todos los vergonzosos detalles que le da Siba, el rey manda a buscar al precioso, pero dañado hijo de Jonatán (2 Samuel 9:5). David envía a su gente —podrían ser sirvientes, podrían ser soldados— a Lodebar para recoger a Fibo y traerlo. En el caso de Fibo, "recogerlo" es literal. Recuerda, el tipo no puede caminar. Ni si quisiera podía llegar al rey por sí mismo.

A cualquiera que se sienta atrapado en Lodebar: Sí, el daño es causado *por* las personas. Pero ese mismo daño sana *a través* de las personas. Por alguna razón, Dios elige usar personas imperfectas y dañadas para hacer su perfecta obra de restauración. Así que, si has jurado no volver a dejar que la gente se te acerque porque crees que estás mejor solo, te anticipo que tu sanidad está en manos de otras personas. El Rey enviará personas a tu vida para llevarte emocional, espiritual e incluso físicamente a un nuevo lugar al que no puedes llegar por ti mismo.

> El daño es causado *por* las personas. Pero ese mismo daño sana *a través* de las personas.

Pero aquí está la parte complicada: tu daño puede sesgar tus sentimientos y tu perspectiva sobre las relaciones, así que tu instinto puede ser rechazar a las personas que el Rey envía.

El Rey envía ayuda, pero puede que tú lo sientas como otro golpe.

Solo puedo imaginar cómo debe sentirse Fibo cuando el destacamento de seguridad del nuevo rey llama a su puerta. Recuerden, en ese entonces, si el escuadrón del rey se acercaba a ti, estaba casi garantizado que toda tu familia sería masacrada. Así que, cuando la comitiva del rey David aparece en la puerta con instrucciones de traerlo, Fibo piensa que sabe lo que viene. *Estoy muerto. Se acabó.*

No es una locura que creyera ser el siguiente en la lista de asesinatos del rey. Lleva años escondiéndose, entonces probablemente no sabe que el nuevo rey *no* actúa así (véase 2 Samuel 3-4). Su única certeza es que su abuelo, el antiguo rey, ofreció una recompensa por la cabeza del nuevo rey; y ¿por qué iba a ser David diferente a Saúl?

Déjame decir algo sobre los sirvientes del rey. El segundo libro de Samuel no lo dice explícitamente, pero creo que es seguro que cuando David lo ordena, ninguno de ellos se queja de que Lodebar esté demasiado lejos o de que Mefiboset esté demasiado dañado o de que David sea demasiado amable y misericordioso. Saben que ese es el trabajo para el que se comprometieron: hacer cumplir la voluntad del rey.

Nuestro Rey quiere que cada seguidor de Jesús sea como esos sirvientes: listo, dispuesto y obediente para realizar lo que Él tiene planeado. Es la voluntad del Rey que rescatemos y restauremos a las personas dañadas. ¿Recuerdas que "la gente herida hiere a la gente"? También es cierto que la gente que ha sanado sana a la gente. Ahora, permíteme volarte la tapa de los sesos con otra verdad: *Las personas dañadas (¡nosotros!) pueden ayudar a sanar a otras personas.*

Cada llamada telefónica para expresar preocupación, cada mensaje de texto de "solo quiero saber cómo

> El Rey envía ayuda, pero puede que tú lo sientas como otro golpe.

estás", cada lágrima compartida, cada celebración de un logro grande o pequeño, cada conversación desafiante y alentadora, cada momento de oración es una forma práctica de la vida real para llevar a las personas dañadas al Rey. Ese es el tipo de siervo que quiero ser. No nos quejemos ni lloremos por lo difícil que es llevar a las personas dañadas al Rey, por el tiempo que llevamos en el camino con estas personas y por lo que estamos dejando de hacer para ayudarlas. En vez de eso, ¡demos gracias por los sirvientes que nos cargaron cuando *nosotros* estábamos atascados y alegrémonos de que podemos hacer lo mismo por otros!

Demos la vuelta a la situación por un segundo: ¿Quiénes son los Mefiboset de tu vida? En serio, tómate un momento y escribe los nombres de tres o cuatro personas que necesitan tu ayuda para llegar al Rey, incluso en tu actual estado también dañado. ¿Cómo tu historia puede ayudarlos en su viaje? ¿Cómo tus palabras podrían lavar sus heridas? ¿Cómo tu presencia puede ser un regalo para ellos? ¿Qué harás esta semana por cada uno de ellos?

No es divertido ni sexy contarte mis luchas y defectos. Pero si una sola persona de las que están leyendo esto ahora se aleja de su daño y se acerca a la sanidad de Dios, todo habrá valido la pena. Esa es la razón por la que escribo este libro.

Llegar a la presencia del Rey cambia el presente de las personas dañadas. Y llevarlas allí es el mejor trabajo del mundo. Me apunto para hacerlo.

Quiero ser como los hombres que encontramos en Lucas 5, tan decididos a llevar a su amigo paralítico ante Jesús para que lo cure, que arrancaron el techo de la casa donde el Señor estaba enseñando. Si alguien necesita ver a Jesús, no quiero que una estupidez como mi orgullo me impida despejar el camino y hacer un agujero en el techo para que entre. Tarde o temprano, yo también necesitaré que alguien arranque el techo y me lleve ante el Rey. Déjame contarte sobre una de esas veces...

No es un domingo cualquiera

Domingo. Día de juego. Hora de la acción. Me levanté pensando en cien mil personas, cien mil que vendrían a escuchar mi mensaje. Oré para decir solo las palabras que Dios quería que escucharan, aunque intenté no pensar en lo intimidante que es hablar en su nombre. La gente me pregunta: "¿Alguna vez te pones nervioso?". Claro que sí. Siempre, cada vez.

En otras palabras, el 16 de enero de 2022 se sentía como un domingo más.

Antes de seguir adelante, déjame hacer una encuesta. Necesito que seas humilde, abierto y transparente. Levantando la mano, ¿quién piensa que la iglesia es aburrida? Levanta la mano, dondequiera que estés en este momento —en la cafetería, a la hora del almuerzo, con tu grupo de estudio, en tu cubículo, en el parque, en el gimnasio, en tu cama— si alguna vez has bostezado o te has quedado dormido en la iglesia. Confiesa ahora o calla para siempre. No seas tímido. Veo esos cientos de miles de manos, y estoy en mi oficina con ambas manos en alto. Fui a la iglesia al menos dos veces por semana, todas las semanas, durante toda mi infancia, y para ser realista... No puedo recordar mucho de lo que se dijo que haya capturado mi atención.

Tú también, ¿eh? Sí, lo entiendo. Así que cuando empecé a dirigir un grupo de jóvenes de la iglesia, estaba decidido a no ser el predicador cuya voz hacía que la gente se durmiera y cuya presentación era tan insípida como una vieja canción de cuna. Estaba decidido a encontrar formas de presentar la historia de Jesús que despertaran a la gente, quedaran grabadas en su cabeza y llegaran a su corazón, como esa canción que no desaparece de tu mente por más que quieras. (¿Cuál es esa canción para ti? Para mí es "Baby shark, du-du, du-du-du-du". ¿Mencioné que tengo cuatro hijos?).

Durante años he utilizado elaboradas ayudas visuales y sorprendentes ilustraciones, todo con la esperanza de comunicar creativamente las buenas nuevas del Evangelio. He usado pesas y cintas de correr. Pelotas de golf, de ping-pong, de fútbol y de baloncesto. (Estoy trabajando en una forma creativa de usar las bolas de naftalina). Un barco flotando en el agua (dentro de un edificio). Ventanas y puertas. Zapatillas de diseño de alta gama. En más de una ocasión, fuego (mi favorito). Las ayudas visuales memorables, a veces impactantes, son lo mío.

Con ayudas visuales o sin ellas, quiero ser eficaz cada vez que predico. Pero siempre y especialmente quiero que mi primer mensaje de cada año sea directo y que pegue fuerte, tanto como para perdurar. Quiero que se convierta en un ancla para nuestras familias, nuestras finanzas, nuestra fe y nuestro futuro. Mi intención es establecer la visión y los temas para todo el año, preparando a la gente para lo que creo que Dios quiere hacer en nosotros y a través de nuestra vida. Así que cuando me bajé de la plataforma de la Iglesia de la Transformación después de predicar durante dos horas, un minuto y cuarenta y cuatro segundos (mucho más de lo que nadie esperaba), había dejado el corazón y el alma allí. Estaba empapado en sudor, lleno de adrenalina y del Espíritu Santo, y con la esperanza de que mi presentación de la visión del año: "Aquí está lo santo", se pegara en la mente y el corazón de todos frente al 2022.

Quería que todo el mundo viera *claramente* la visión de Dios para su vida.

Ignoraba que las cosas se iban a poner reaaaaaalmente borrosas. Obtuve algunos choca esos cinco, también llorosas sonrisas de agradecimiento, además de toneladas de regocijo y palmaditas en la espalda durante el trayecto a la oficina donde me esperaban mis hijos. A esos cuatro no les importa lo bien o mal que predique. No les importa qué herramientas de exégesis bíblica empleo para interpretar correctamente las Escrituras. No les importa si las aplicaciones prácticas de mis sermones son potentes y oportunas.

Lo que más les importaba el 16 de enero de 2022, a la 1:28 p.m., hora centro, era compartir abrazos y persuadirme de que les comprara granizados. ¡Qué manera tan perfecta de restablecer mis prioridades! Abrazos y granizados con el #EscuadrónTodd es una de las mejores maneras que conozco de poner los pies en la tierra y ganar perspectiva. Además, sabía que los abrazos y los granizados ni siquiera serían la mejor parte de mi día. Mi esposa y yo teníamos reservadas cuarenta y ocho horas en un precioso hotel del centro de Tulsa desde ese mismo día, y llevaba toda la semana deseándolo. ¿Dos días enteros de romance? Sí, por favor. Gracias.

Comimos juntos (hubo granizados de por medio); luego Nat y yo acomodamos a los niños con la familia y nos instalamos en nuestra cómoda habitación. Parte de mi práctica habitual en esta época de crecimiento es estar totalmente presente dondequiera que esté. *Aquí*. He decidido vivir como si *aquí* fuera sagrado. Una de las formas prácticas de aplicar este principio es la disciplina de apagar mi teléfono celular durante veinticuatro horas a partir del domingo por la noche.

Teléfono apagado. Corazón lleno. Mi amor a mi lado. Empecé a cabecear...

Nat se sentó de repente en la cama y preguntó: "¿Estás bien?".

Froté mis ojos y parpadeé confundido. "Sí, estoy genial. ¿Y tú?".

"Brie me acaba de mandar un mensaje preguntándome si estás bien, porque un fragmento de tu mensaje de hoy es la principal noticia en TMZ". Brie es la mejor amiga de Nat y la pastora ejecutiva de Transformación. Hemos compartido la vida y el ministerio durante más de una década, y Nat y yo sabíamos que ella no interrumpiría nuestro *Sabbath*, o tiempo de descanso, si no fuera urgente.

Me incorporé, curioso y emocionado. *Hombre, tal vez alguien de TMZ, conmovido por el amor y la esperanza que compartí quiere ayudar a divulgar ese mensaje.* No. Estaba a punto de descubrir que no sería un domingo cualquiera.

Cuando algo desagradable te convierte en noticia

Ese día tenía preparada una presentación para ilustrar mi mensaje: "La visión para la invasión", algo que me pareció sencillo, pero provocativo. Creo que ya te mencioné que no quiero que la iglesia sea aburrida. Mi presentación consistía en untar de saliva a mi hermano pequeño, Brentom. No solo un poco de saliva. Con todo el dramatismo y el asco infantil que pude encontrar en lo más profundo de mi ser (mucho), acumulé un escupitajo en mis manos y se lo unté en la cara a Brent.

Fue absolutamente asqueroso. Se escuchaban las expresiones de asombro de la gente. Algunos creo que incluso sintieron náuseas: exactamente lo que yo quería. Buscaba que reaccionaran con un rechazo visceral, porque a veces el proceso de aclarar la visión de Dios para tu vida puede ser desagradable. Quería que el público se adentrara en la historia bíblica, que escuchara y viera lo que Jesús hizo realmente según Marcos 8:23: "Entonces, tomando al ciego de la mano, lo sacó fuera de la aldea. Después de mojarle los ojos con saliva e imponerle las manos le preguntó: ¿Ves algo?".

Ese era el sentido de la presentación: que a veces la visión no está desinfectada, que podemos sentir que queremos retroceder en lugar de inclinarnos hacia adelante, que pensamos que no deberíamos ensuciarnos las manos ni nada. Pero si queremos ver lo que Dios tiene para nosotros, debemos luchar contra el instinto de huir cuando la situación se pone desagradable. Y por lo que pude ver en el momento, funcionó exactamente como pretendía. Brentom (que, como uno de los cinco hermanos Todd, ha dado y recibido cosas mucho peores a lo largo de los años y que sigue bebiendo habitualmente de la misma taza que yo sin permiso, y ni siquiera me enfado mucho por eso) participó de buena gana en el ejemplo. Es más, ya lo habíamos hecho dos veces antes.

Hicimos lo de la saliva y Brent se limpió la cara fuera del escenario mientras yo terminaba el mensaje. Él se sintió bien, yo me sentí muy bien, y eso fue todo. Pasamos a los granizados, y luego al escape romántico.

Históricamente hablando, cada vez que algo de la Iglesia de la Transformación se ha hecho viral, siempre ha sido una buena noticia. Así que el domingo por la tarde, cuando me enteré de que un fragmento del sermón se había hecho viral y estaba en los titulares de TMZ, pensé: *¡Maravilloso! Cualquier oportunidad de dar a conocer a Jesús me parece bien.*

Y entonces vi los titulares:

- "El Pastor Mike frota su saliva en la cara de un hombre durante el sermón".
- "Domingo de escupir en la cara".
- "Cuando la salvación se convierte en salivación durante una pandemia".
- "Un pastor de Oklahoma le escupe a un feligrés negro".
- "Domingo de saliva en la Iglesia de la Transformación".

A partir de ese momento, la cosa no hizo más que empeorar.

Ese minuto y medio de burdo amor fraternal bíblicamente representado dio la vuelta al mundo y volvió en menos de la mitad del tiempo.

Y he aquí la cuestión: después de ver el fragmento que se estaba compartiendo en Twitter, Instagram y Facebook, no pude evitar estar de acuerdo con las reacciones de la mayoría de la gente. Por sí solo, sin contexto, sin ninguna pista sobre mi relación con Brent, y sin ninguna razón buena y obvia por la que un joven negro que se respete a sí mismo se dejaría escupir en público, había implicaciones de vileza que me hicieron *a mí* reaccionar con repugnancia... y yo estaba allí. ¡Yo lo hice!

CNN y otras cadenas se hicieron eco de la noticia. En Twitter, #MikeTodd y #Escupitajo empezaron a ser tendencia. Yo era el más buscado en Google. The Shade Room, adonde los usuarios de Instagram acuden en busca de noticias y chismes sobre famosos, se unió a la tendencia con el titular "El Pastor Mike Todd casi rompe Internet".* Es una exageración, pero no mucho. Al día siguiente, había líderes religiosos y *trolls* de Internet, celebridades e *influencers*, denunciándome en todas las redes sociales. Personas que yo consideraba amigas se distanciaron de mí y guardaron silencio. Desde los que decían mucho hasta los que no decían nada, los mensajes eran ensordecedores. Me sentí abrumado por la atención y sorprendido de que, de la noche a la mañana, pasé de ser valioso a ser un villano ante los ojos de tanta gente.

¡Ser incomprendido apesta! Ser incomprendido en público apesta aún más. Y ser incomprendido en público de una manera que podría disminuir la forma en que las personas (amadas por Dios) perciben a Jesús es lo que más apesta. La idea

---

* Cassandra S., "Pastor Mike Todd Addresses Using Spit as a Demonstration Tactic in His Sermon", The Shade Room, 17 de enero, 2022, https://theshaderoom.com/pastor-mike-todd-addresses-using-spit-as-a-demonstration-tactic-in-his-sermon.

de que yo pudiera interponerme en el camino de la gente hacia Jesús, incluso sin querer, me heló hasta la médula. Me sentí paralizado. No podía retractarme. No sabía cómo seguir adelante. Quería arrancar el techo para llevar a la gente a Jesús, pero en lugar de eso, necesitaba que alguien me llevara *a mí* hasta el Rey.

> De la noche a la mañana, pasé de ser valioso a ser un villano.

Tres personas —Natalie, Brie y su marido, Aaron— hicieron precisamente eso. Pasamos juntos los días siguientes. Lloré y ellos lloraron conmigo. En ese lugar seguro, me sinceré sobre la confusión y el dolor que sentía. Y sus atentas preguntas y su fiel presencia me ayudaron a restablecerme en la presencia de Dios. (En los siguientes capítulos, te contaré más sobre las herramientas que me ayudaron).

A veces tenemos el privilegio de llevar a personas heridas hasta el Rey. Pero en otras ocasiones, necesitamos los brazos fuertes y suaves de los siervos del Rey para que nos levanten y nos lleven a su presencia. No importa lo largo o lejos que hayas caminado, nunca te avergüences de pedir ayuda en tu viaje hacia el Rey. Luego mira a tu alrededor para ver quién necesita tu ayuda en el mismo proceso.

6

ACERCA UNA SILLA

¿Sanar o matar? Esa es la pregunta

El 19 de mayo de 2022, un hombre de cuarenta y cinco años llamado Michael Louis fue operado de la espalda. En los siguientes días a su salida del hospital, el señor Louis llamó varias veces a la consulta de su cirujano para aliviar los fuertes dolores. El cirujano lo vio en una cita de seguimiento el 31 de mayo, pero, según su propia declaración escrita, el señor Louis siguió culpando al médico de su dolor. El 1 de junio, el señor Louis se dirigió al hospital de nuevo, esta vez armado con una pistola Smith & Wesson del calibre 40 y un rifle del tipo AR15, ambos adquiridos legalmente. Disparó y mató al médico que lo había operado, a otro médico y a un oficinista, así como a un anciano que había llevado a su esposa a una consulta. Y luego Michael Louis se disparó y murió.*

Para quienes no tienen la suerte de vivir aquí, los asesinatos múltiples del hospital Saint Francis de Tulsa no son más que la última oleada de tiroteos masivos a escala nacional. Pero Tulsa es una ciudad mediana que se siente más como un barrio muy unido. La mayoría de los habitantes de Tulsa conocemos a alguien cuya vida se vio directamente afectada ese

* Alexia Aston, "Timeline Related to Mass Shooting in Tulsa", *Tulsa World*, 10 de junio de 2022, https://tulsaworld.com/news/local/timeline-related-to-mass-shooting-in-tulsa/article_3a362ef4-e2a5-11ec-b0bb-47b434a89395.html.az

día por la tragedia del señor Louis. Aunque no conozcamos personalmente a ninguna de las víctimas, conocemos a familiares que esa mañana abrazaron por última vez a su cónyuge o a uno de sus padres. Conocemos a pastores que ofrecen el consuelo que pueden a familiares y amigos en duelo, y a capellanes de hospital que ofrecen apoyo a compañeros de trabajo traumatizados. Conocemos a médicos, paramédicos y enfermeros ansiosos, estresados hasta el límite por el coronavirus, quienes ahora se despiden de sus asustados hijos y se dirigen al trabajo bajo una tremenda tensión.

> Si aún no hemos iniciado el proceso de sanidad, nuestras palabras, acciones y actitudes matarán.

No sé mucho sobre la vida de Michael Louis antes de su operación, pero si fuera un apostador, apostaría buen dinero a mi corazonada de que ese hombre estaba agobiado por sus heridas. No me refiero a su dolor postoperatorio, por insoportable que fuera; ese sufrimiento no era más que el último dardo que la vida le había lanzado. Hablo de los daños y heridas del pasado que paralizaban su capacidad para lidiar con los golpes del presente.

Los golpes ocurren. Simplemente ocurren. Cuando ocurren, nuestra respuesta puede ser de vida o de muerte, dependiendo de si hemos comenzado el proceso de sanidad. La mayoría de nosotros, gracias a Dios, no cogemos el arma más cercana y apretamos el gatillo cuando el más reciente golpe de la vida intenta acabar con nosotros. Pero te prometo que, si aún no hemos comenzado el proceso de sanidad, nuestras palabras, acciones y actitudes matarán. Matarán relaciones; matarán oportunidades; matarán sueños; matarán ideas; matarán futuros; matarán propósitos; matarán legados.

El daño sin sanar crea un efecto dominó en tu vida y en la gente que te rodea... *pero la sanidad también*. Por eso quiero compartirte un proceso claro, paso a paso, que te preparará para recibir la sanidad de Dios. En los próximos capítulos, vamos a tomarnos todo el tiempo que necesitemos para desempacar y examinar cada uno de los cinco pasos desde diferentes ángulos y bajo diferentes enfoques, utilizando mi historia y la historia de Mefiboset como ejemplos del proceso en acción. Antes de ampliar, he aquí la versión en miniatura:

1. **Recordar el golpe.**
2. Reconocer el dolor.
3. Darse cuenta del obstáculo.
4. Volver a la humildad.
5. Recibir la sanidad de Dios.

Comencemos con el favorito de nadie: recordar el golpe, el punto del dolor, el lugar de la cicatriz, el área sensible del descuido, la raíz del arrepentimiento, el lugar de la pérdida. ¿Por qué es el favorito de nadie? Porque te costará tu comodidad.

1. Recordar el golpe

La verdadera sanidad no puede producirse en tu zona de comodidad. Ahora bien, cuando hablo de recordar el golpe, no me refiero simplemente a recordar lo que ocurrió. Quiero que nos permitamos sentarnos frente a frente con la verdad, estar realmente presentes con las palabras, las acciones, la situación vulnerable, el entorno que nos hizo ese agujero en el corazón. ¿Cómo?

Hora de callar

Toda mi vida he sido ruidoso. Me encanta hablar. En segundo grado, me enviaron a casa con una nota de mi profesora, la señora Robinson, que decía: "Es un gran estudiante, pero habla demasiado" (Resulta muy útil ahora, señora Robinson).

Otro lugar donde me metí en problemas por hablar mucho fue en la iglesia. Recuerdo una mañana en la que una anciana ujier me observaba como un halcón durante un servicio que estaba durando demasiado. Había coloreado catorce páginas. Me había comido todos los caramelos de menta del fondo del bolso de mi madre. Había examinado la parte inferior del banco, construido un fuerte con himnarios y doblado sobres de ofrendas para convertirlos en increíbles aviones de última generación.

Lo único que me quedaba por hacer era hablar con la gente que me rodeaba y hacerlos reír. No sé el nombre de esta ujier (estábamos de visita en otra iglesia), pero se dirigió hacia mí desde el otro lado del santuario en cuanto terminó el servicio, extendió dos largos dedos enfundados en inmaculados guantes blancos y me hizo una señal para que me acercara.

Me acerqué tímidamente a su pequeña figura y le susurré: "¿Sí, señora?".

"Te he estado observando durante todo el servicio", me gruñó, "y tú, jovencito, tienes que aprender a callarte".

Otro "Sí, señora" fue todo lo que pude decir, y todavía me alegro de no haber vuelto a esa iglesia.

Nunca olvidaré cómo dijo "callarte".

Me han dicho que guarde silencio, que baje la voz, que deje de hablar, que cierre la boca... pero esa fue la primera vez que me dijeron que me callara.

No sería la última.

¿Recuerdas que hace unos capítulos te hablé del momento en que empezó mi obsesión por la grandeza? Nunca dejaron que el Michael de trece años tocara la batería en la iglesia grande, y ese rechazo dio justo en el blanco de mi herida, dejándome un enorme agujero.

Hasta hace un par de años, no sabía que ese fue el momento cuando recibí el golpe. De hecho, si antes de eso me hubieras dicho que gran parte de mis heridas de adulto eran el resultado de algo que ocurrió cuando tenía trece años, me habría reído en tu cara y te habría dicho que te fueras a otro lado. Pero eso fue antes de aprender a escuchar a Dios, entender, compartir íntimamente y llegar al corazón del asunto.

Escuchar
Entender
Compartir
Corazón

Ahora, deja de leer en este momento y escucha. En serio. Durante los próximos quince segundos, quiero que dejes el libro, cierres los ojos y escuches intencionadamente los sonidos que te rodean.

Bienvenido de vuelta. ¿Qué escuchaste? Para algunos fue el ronroneo de un aire acondicionado. Para otros fue el silbido de los coches que pasaban a toda velocidad por la autopista. Muchos oyeron el murmullo indistinto de la televisión en la habitación contigua o el zumbido de un dispositivo móvil. Algunos habrán oído el molesto pitido de un detector de humos que necesita una batería nueva. Otros se permitieron oír los gritos de sus hijos desde el patio trasero (y se arrepintieron al instante).

Un cerebro neurotípico constantemente filtra los sonidos que no considera importantes. Oír lo que pasa a tu alrededor es una elección. Algo que no quise aceptar durante mucho, mucho tiempo es que lo mismo ocurre con lo que sucede en tu *interior*. Escuchar la verdad de tu experiencia interior es una elección.

> **Escuchar la verdad de tu experiencia interior es una elección.**

Siempre he sido ruidoso, grande, llamativo y estrafalario. Me gusta la intensidad. De hecho, antes de empezar el trabajo de sanidad, creaba intensidad cuando sentía que no había suficiente. Aumentaba el drama y elevaba las apuestas *caaaaaaasi* hasta el punto de quiebre de todo el mundo, y me encantaba cada minuto de adrenalina.

Natalie es todo lo contrario. Le encanta la paz, el espacio y la tranquilidad, que yo solía interrumpir de forma rutinaria e irreflexiva. Hace un par de años, me preguntó: "¿Por qué eres así?". Y en lugar de ponerme a la defensiva y enojarme —"Chica, ¿por qué tú eres así?"—, decidí que en realidad quería saber la respuesta. ¿Por qué soy así? Era una pregunta que me incomodaba, pero en lugar de huir de la incomodidad, decidí quedarme sentado con ella. Con esa decisión, mi medidor de "Huir o Luchar" se acercó un poco más al punto medio saludable.

Alrededor de esa misma época, estaba leyendo un excelente libro titulado *The Ruthless Elimination of Hurry* (La implacable eliminación de las prisas), de John Mark Comer, pastor fundador de la iglesia Bridgetown de Portland (Oregón). Comer argumenta en ese libro que buscar con regularidad el silencio y la soledad son las prácticas espirituales más radicales y contraculturales con las que podemos comprometernos hoy en día. Tal vez no haga falta que lo diga, pero hasta entonces el silencio no había desempeñado un papel importante en mi vida espiritual, así que, entre mi esposa y el libro de Comer, tenía mucho que considerar.

Empecé a probar la experiencia de estar en silencio. Me resultaba extraño. Raro. Sin sentido. Tonto. Molesto. Difícil. Me sentía incómodo. *Solo estoy aquí sentado*, pensaba, *sin hacer absolutamente nada. No creo que esto ayude.*

Después de una semana de (casi siempre incómodo) tiempo de silencio con Dios, mi mente finalmente se calmó. Se me acabaron los pensamientos para distraerme y me topé con el verdadero silencio. Finalmente pude Escuchar. Por fin podía Escucharlo a Él. Y estaba listo para prestarle atención.

A lo largo de mi viaje con Dios, he descubierto un patrón en la forma en que Él a veces me habla: a través de imágenes. Mientras estaba sentado allí, finalmente lo suficientemente silencioso como para escucharlo, me vino esta imagen de mí pasando tiempo con mi pastor supervisor y mentor, Tim Ross. No puedo explicarlo, pero sabía que era de esas cosas que debía hacer en ese momento. Necesitaba averiguar dónde estaba Tim y hacer todo lo que estuviera a mi alcance para llegar hasta allí.

Lo llamé, y me dijo que estaba en Oklahoma City para una conferencia de hombres. Le dije: "No digas más. Voy para allá". Así que volé a OKC, le cargaba su Biblia, lo asistí durante el día y lo seguí a todas partes. En el viaje de vuelta a Tulsa, los dos acabamos en un lugar de comida rápida a las afueras de la ciudad. Allí fue donde di mi primer pequeño paso de fe hacia la sanidad. Allí fue donde recordé el golpe.

Pedimos el desayuno y le conté a Tim todo lo que me había estado rondando por la cabeza los días anteriores: la pregunta de Natalie; las prácticas de silencio y soledad; abrazar mi incomodidad; sentir que estaba en medio de una transición, pero a la vez perturbado. Él escuchó atentamente y luego preguntó: "¿Cuándo fue la primera vez que sentiste que lo bueno no era suficiente? ¿Recuerdas dónde estabas cuando le pusiste ese motor a tu vehículo?". Y luego volvió su atención a su enorme plato de huevos y salchichas de pavo para darme margen y tiempo para entender.

No es necesario entender del todo para dedicarse del todo a recordar el golpe.

Escuchar a Dios ocurría en silencio y soledad, lo que me llevaba a un lugar donde podía empezar a Entender. Me gusta llamarlo Entendimiento progresivo, en lugar de perfecto. No es necesario Entender del todo para dedicarse plenamente a recordar el golpe. El preciso Entendimiento se produce con el tiempo y por etapas, después de mucho pensar, sentir y volver a pensar.

Sentado allí en el restaurante, me metí en la máquina del tiempo de mi memoria y empecé a saltar hacia atrás. ¿Cuándo fue la primera vez que sentí este impulso implacable de siempre ser más que bueno?

¿Fue acaso a los veintisiete años, cuando me quedé despierto toda la noche antes de que me establecieran como pastor principal de lo que finalmente se convertiría en la Iglesia de la Transformación, pintando las paredes del área de adoración, con la secreta esperanza de que el nuevo entorno ayudaría a la gente a abrazarme como nuevo líder? Neeee, no fue en ese momento.

¿Fue a los veintiún años, cuando mi cariñosa madre me "invitó" a mudarme de casa (me echó a patadas) y convencí a dos amigos de que un apartamento no era práctico para un baterista y productor musical? Por eso necesitábamos alquilar juntos una casa de cuatro habitaciones en un barrio de clase media-alta, y ellos debían cederme la habitación principal. No, ahí no empezó la cosa.

> **La fe comienza donde termina el Entendimiento.**

¿Fue a los diecisiete años, cuando el jugador de la NBA y bajista de jazz Wayman Tisdale me invitó a una gira cuando aún estaba en la secundaria, por lo que me atiborré de trabajo escolar de lunes a jueves para el viernes volar a conciertos todo el fin de semana alrededor del mundo? Oh, no, no, debo ir todavía más atrás.

¿Fue a los quince años, cuando nuestro pastor de jóvenes me escogió para dirigir el grupo de góspel de mis compañeros, y ensayaba dos veces por semana durante cuatro horas seguidas cada día, sin sueldo, pero inspirado por una visión y el impulso de ser excelente? Casi. Nos estamos acercando, pero tampoco era eso.

Entonces, como una tonelada de ladrillos, me golpeó… Recordé aquella maldita silla marrón de la iglesia de mi infancia y comprendí que había encontrado el golpe que, durante las dos décadas siguientes, no me abandonaría (vuelve al capítulo 3 para refrescar tu memoria).

Recordar me hizo sentir ansioso y vulnerable, pero también curioso. Así que ahora, al oír a Tim raspar su plato, tenía que tomar una decisión. ¿Esconderme o sanar? Decidí aceptar mi malestar en lugar de cerrarme. En lugar de recluirme en mí mismo y aislarme, decidí hacer algo que nunca había hecho, algo que me parecía demasiado peligroso: decidí Compartir.

Le conté a Tim sobre esa decepcionante temporada de rechazo cuando tenía trece años, y a medida que él reflejaba con sus palabras y expresiones lo que me escuchaba decir, yo pude perfeccionar mi Entendimiento.

Más tarde, cuando Compartí con Natalie, Entendí todavía más gracias a su discernimiento, empatía y reflexión.

Escuchar a Dios es el inicio del proceso de recordar el golpe, pero quiero que veas cómo Entender y Compartir son una dinámica de ida y vuelta. Cuando te arriesgas a Compartir tu golpe, tu daño, tu quebranto, con una persona o personas de confianza, con quienes te sientes seguro, tu Entendimiento progresa. Siempre será imperfecto, porque Dios siempre está en el proceso de convertir lo que te ha dañado en un destino de bien para ti (Génesis 50:20), pero el Entendimiento tiene que ver con la progresión, no con la perfección.

¡Adquiere sabiduría!
Y antes que toda posesión, adquiere entendimiento.
(Proverbios 4:7)

"Adquirir" es progresivo; es una acción perpetua. Es algo que continuamos haciendo. Así que, si estás esperando comprender todo acerca de tu trauma antes de dar un paso en este viaje de sanidad, puedes quedarte atascado en el mismo lugar para siempre. Lo que necesitas es fe —me atrevería a decir que 𝕱𝖊 𝕷𝖔𝖈𝖆—, porque la fe comienza donde termina el Entendimiento. Te animo a dar un paso hacia la sanidad con fe, aunque sea una fe de bebé, una fe de quizá, una fe ondulante. Lo siento, amigos. Olvidé qué libro estaba escribiendo. Lee el libro *Crazy Faith* (*Fe Loca*) para más detalles.

Escucha a Dios. Permite que tu entendimiento progrese. Comparte íntimamente en un lugar seguro. Entonces descubrirás el tesoro real, el corazón del asunto.

Cuando me tranquilicé lo suficiente como para escuchar a Dios, su Espíritu me ayudó a entender y compartir el golpe destructor que recibí a los trece años. Pude pelar las capas de mi corazón. Mi corazón había estado oculto tras una búsqueda incesante de grandeza que provocaba caos, que me agotaba a mí y a las personas que me rodeaban.

Cuando aprendí a callar, Dios me ayudó a excavar en mi corazón.

Y fue entonces cuando pudo comenzar la verdadera sanidad. Recuerda, Dios no sanará lo que tú te niegues a revelar. El Salmo 34:18 dice: "Cercano está el Señor a los quebrantados de corazón; él salvará a los contritos de espíritu". Permíteme un replanteamiento del pasaje: Dios se acerca a los corazones heridos y a los espíritus llenos de cicatrices. Dios se acerca a los problemas de confianza e inseguridad. Dios anhela estar en compañía de personas dañadas, desanimadas y abatidas.

Y aunque sientas que te estás ahogando, Él tiene la misión de rescatarte.

> **Él tiene la misión de rescatarte.**

Imagina a Dios corriendo por la playa en cámara lenta como David Hasselhoff de *Guardianes de la Bahía*. (Puede que la referencia me haya quedado anticuada: olvídala). Imagínate a Dios corriendo por la playa en cámara lenta como Dwayne "la Roca" Johnson en *Guardianes de la Bahía*, buscando salvar a todos los que no pueden mantener la cabeza fuera del agua.

Este es nuestro Padre amoroso. Él quiere salvarte.

Estoy fuera del barrio, pero el barrio no está fuera de mí

Pasé el verano del 96 en Shreveport, Luisiana, también conocida como la Ciudad Brutal. Mis padres se habían ido en un largo viaje ministerial, así que mis hermanos y yo nos quedamos con nuestros familiares en la península. Recuerdo cruzar King Street, en el barrio de Reisor, yendo y viniendo entre la casa de la abuela Leola y la de la tía B, fascinado por el comportamiento y la actitud de los chicos de mi edad.

Digamos que algunos de mis primos y sus amigos habían crecido de forma distinta a mí y a mis hermanos. Nos dimos cuenta enseguida de que no éramos chicos rudos. No estoy seguro de lo que había pasado en la vida de esos niños: puede que vinieran de hogares muy buenos, con mucho amor y apoyo constante. ¿Pero desde fuera? Parecía que habían tenido una infancia *muuuuuy* ruda.

Yo solo tenía diez años, pero desde el principio supe que tendría que adaptarme para sobrevivir.

Ese verano pasé de las camisas tipo polo con cuello y mangas cortas a las camisetas sin mangas. Pasé de un inglés gramaticalmente correcto a insultar en un inglés vernáculo afroamericano. Pasé de los paquetes de bocadillos saludables a los Cheetos picantes y los pepinillos. Pasé de los chistes desenfadados a las burlas. Pasé de los helados del supermercado a los vasos de granizado del congelador de mi abuela. Pasé de las botellas de agua a beber de la manguera.

El verano del 96 fue de transformación.

Para cuando mis padres nos recogieron, a nadie le cabía duda de que me había vuelto parte de ese barrio.

Ocho horas después, estaba de vuelta en mi tranquilo vecindario habitual de los suburbios de Tulsa y, para mi sorpresa, ninguno de los hábitos que había adquirido en la Ciudad Brutal se traducía tan bien como había pensado. Me di cuenta de que comencé a meterme en *muchos* líos, me regañaban *mucho* y sufría *muchas* consecuencias por cosas de las que me había librado miles de veces en el barrio. Por alguna razón, *no* me salía con la mía en casa, en Green Country.

Mientras estaba sentado, castigado y contemplando alguna de mis malas decisiones, me di cuenta de que actuar con desenfreno era más fácil en el otro barrio porque mi padre no estaba allí. Su afirmación estaba ausente; su sabiduría, lejos. No escuchar la voz de mi padre me llevó a creer una mentira sobre mí mismo. Mi padre siempre me decía quién era yo. "Michael, eres un líder. No tienes que seguir a nadie. Naciste para hacer grandes cosas. Eres creativo. Eres un hombre de carácter. Eres un hombre de valor. Eres respetuoso y respetado. Si quieres ser como alguien más, sé como Jesús".

Lo que quiero que te lleves del verano del 96 y lo apliques a tu vida es que oír la voz del Padre nos recuerda nuestra verdadera identidad. Yo había regresado a Tulsa; había salido del barrio, pero el barrio no había salido de mí. No fue sino hasta que escuché constantemente la voz de mi padre que recordé realmente quién era yo.

Mi identidad se vio alterada en tan solo unas semanas de un verano. ¿Puedes imaginar cuán atormentado por las mentiras se siente Mefiboset? Es que han pasado décadas desde que su padre o una figura paterna afirmara su verdadera identidad.

Así que, cuando sacan a Fibo de su barrio, en Lodebar, y lo llevan a la sala del trono de David, creo que sufre una crisis de identidad. Estamos a punto de ver que ha salido del barrio, pero el barrio no ha salido de él. Escucha la forma en que el rey le da la bienvenida:

> David le dijo: "No tengas temor, porque ciertamente yo te mostraré bondad por amor a tu padre Jonatán. Te devolveré todas las tierras de tu abuelo Saúl, y tú comerás siempre a mi mesa". (2 Samuel 9:7)

¿Queeeeeeé? A mí me parece un buen trato. A ver si lo entiendo. *¿Estás diciendo que serás como mi conector para recargarme de energía, me tratarás con amabilidad, me darás todas las tierras de mi abuelo, y me permitirás comer contigo en este buffet para siempre? ¿Dónde firmo?*

Esa sería la respuesta típica de alguien que está sanando. Pero, en Mefiboset, el daño sin sanar no responde; reacciona.

Mefiboset se inclinó respetuosamente y exclamó: "¿Quién es tu siervo, para que mires a un perro muerto como yo?". (Versículo 8)

¿Quién habla así de sí mismo? Ah, claro. Alguien dañado.

El daño sin sanar no responde; reacciona.

En caso de que referirse a sí mismo como "muerto" no sea clara evidencia de cómo se siente, al llamarse perro, no nos queda ninguna duda de su enorme herida. Rápida lección de historia: Las actitudes respecto a los perros entre los antiguos judíos eran abrumadoramente negativas. Asociaban a nuestros amigos caninos con la violencia, el peligro y la suciedad.* A sus ojos, los perros no eran tiernos y adorables compañeros de la familia; eran carroñeros que contagiaban enfermedades.

Hablemos de baja autoestima, amigos. Fibo la tiene. Está lidiando con la vergüenza, el arrepentimiento, la comparación, la culpabilidad. Y el daño es *profundo*. Muy profundo. Tan profundo que la bondad y generosidad del rey no pueden cambiar las mentiras que cree sobre sí mismo.

Fibo está fuera de Lodebar, pero Lodebar no está fuera de él.

Puedes estar fuera de la relación abusiva, pero la inseguridad no está fuera de ti.

Puede que ya no vivas en la pobreza, pero el miedo a la carencia no está fuera de ti.

Puede que ya no estés en las redes sociales, pero tu tendencia a compararte con los demás no está fuera de ti.

Puede que ya no seas infiel, pero la lujuria no está fuera de ti.

---

* "Judaism and Dogs", My Jewish Learning, www.myjewishlearning. com/article/judaism-dogs.

Puede que ya no estés en esa iglesia, pero el dolor que te causó no está fuera de ti.

Puede que ya no trabajes para esa compañía, pero la sensación de ineptitud no está fuera de ti.

Puede que hayas expandido tu familia a través de la adopción, pero el duelo no está fuera de ti.

Puede que hayas empezado a dar, pero la avaricia no está fuera de ti.

Puede que hayas empezado a ir a terapia, pero la tendencia a esconderte no está fuera de ti.

Puede que estés sirviendo a otros, pero el orgullo no está fuera de ti.

Puede que te parezca bien estar en un segundo plano, pero la envidia no está fuera de ti.

Puede que manejes mejor tu ira, pero la rabia no está fuera de ti.

Puede que tengas un buen plan, pero la pereza no está fuera de ti.

Puede que tengas un equipo, pero la necesidad de controlar no está fuera de ti.

Puede que tengas muchos amigos, pero los celos no están fuera de ti.

Puede que tengas la familia que siempre has querido, pero la soledad no está fuera de ti.

Puede que seas financieramente exitoso, pero la autonegligencia no está fuera de ti.

Puede que estés fuera de Lodebar, pero Lodebar no está fuera de ti.

Esta es mi pregunta para ti: ¿Sigue Lodebar en tu interior?

Si eres como yo, ya puedo oírte decir: "Pero, Pastor Mike, ha sido así desde que tengo memoria. No puedo escapar de estos hábitos. Tú la llamas mi vieja forma de pensar, pero es mi *única* forma de pensar. Está *taaaaaan* dentro de mí". Quiero que sepas que te entiendo. Lo que llamamos Lodebar ha sido simplemente la vida para muchos de nosotros. Si alguien nos hace enojar, queremos pelear. Si alguien nos lastima, cortamos de raíz la relación. Estamos acostumbrados a hacer lo necesario para sentirnos mejor en el momento: licor, pastillas o porno, ir de compras o golf o papas fritas; no importa. Cuando sentimos miedo o vergüenza, queremos escondernos o huir o mentir para protegernos. Todo lo que conocemos es Lodebar. Y si somos honestos, algunos de nosotros hemos aprendido a amar Lodebar.

Como alguien que estaba atrapado en Lodebar, que se salvó de Lodebar, pero todavía necesitaba renovar su mente, yo sé que la sanidad puede parecer imposible. Estoy aquí para decirte que hay otra vía para salir de allí: siendo transformado por la renovación de tu mente (Romanos 12:2).

Solo hay una forma de extirparte Lodebar: Escuchando al Rey.

¿Cómo ocurre esto?

El discipulado cristiano es un estilo de vida con ciertas constantes, es decir, aspectos relacionados con seguir a Jesús y vivir en su Espíritu que simplemente no cambian. La oración, por ejemplo, además de leer y memorizar las Escrituras. ¿Por qué? Porque cuando le hablas a Dios, Él quiere responderte, y una de las principales formas de escuchar sus respuestas es a través de su Palabra.

Es cierto que Dios puede comunicarse directamente, pero también lo hace cuando leemos y estudiamos la Biblia constantemente al punto de que empieza a formar parte de nosotros. Un día, cuando nuestro pequeño barco de la vida empieza a tambalearse; cuando el viento sopla de la nada, y las olas empiezan a romper a nuestro alrededor.

Te despiden de tu trabajo.

Tu esposo empieza a actuar raro.

Devuelven el cheque.

Un líder te decepciona.

Indignas a todo internet restregando saliva en la cara de tu hermano menor.

¡Bam!

Ahí es cuando cae el ancla. El Espíritu de Dios trae a tu mente lo que has memorizado y está escondido en tu corazón; esa Palabra cae como un ancla que le da seguridad a tu alma. Cuando estás atado a un ancla firme, las tormentas no pueden hundirte. Simplemente las sobrellevas, tal vez un poco mareado, pero a salvo y seguro. Nada puede moverte. Pablo escribe en su carta a los cristianos de Roma: "La fe es por el oír, y el oír por la palabra de Cristo" (Romanos 10:17). Así que si no oyes la Palabra con regularidad, ¿cómo tendrás fe cuando de verdad la necesites? Es mejor que empieces a leer y memorizar lo que Dios, el Rey, dice de ti, para que no creas las mentiras de otros. Tú puedes escucharlo.

La reacción de Fibo a las palabras del rey David me hace pensar —en mi mejor voz de Chris Tucker— *¡No escuchó las palabras que salían de la boca del rey!* No le estaban solo hablando, le estaban haciendo promesas. Según mis cuentas, fueron tres promesas.

1. Te mostraré benevolencia.
2. Te daré todas las propiedades de tu abuelo.
3. Comerás conmigo en mi mesa.

En la mayoría de las traducciones de la Biblia, David dice: "*Siempre* comerás en mi mesa". No se trataba de una sola vez. Lo que yo creo, después de meditar sobre esta historia durante años, es que la tercera promesa es la que finalmente permite a Fibo creer en la primera y segunda promesas. El rey podría mostrar toda la bondad del mundo y conceder toda la tierra bajo su autoridad, pero el hijo de Jonatán está tan dañado en ese momento que no sabría qué hacer con nada de eso. ¡Ya saben cómo reaccionó! Se refiere a sí mismo como un perro muerto.

¿Tu visión de ti mismo está tan dañada que no puedes aceptar lo que Dios dice de ti? Pregunto porque justo fue lo que me sucedió a mí. Siempre he sido y seguiré siendo humilde, abierto y transparente con respecto a la temporada que viví en un lugar sin pastos: la adicción a la pornografía. ¿Quieres hablar de vergüenza, arrepentimiento y culpabilidad? Incluso después de salir de esa prisión de perversión, no había manera de que pudiera aceptar lo que Dios decía de mí —que podía ser puro, que podía ser fiel a una mujer por el resto de mi vida, que podía liderar una iglesia en crecimiento y un movimiento de transformación mundial— hasta que Él sacara Lodebar de mí.

Escuchar a Dios regularmente me permite experimentar la transformación en la mesa de gracia del Rey.

> ¿Tu visión de ti mismo está tan dañada que no puedes aceptar lo que Dios dice de ti?

En la mesa del Rey

Lodebar tiene que ser reemplazado, no solo eliminado. ¿Lo digo de otra manera? Tu vieja forma de pensar tiene que ser reemplazada, no solo eliminada. Entonces, para sacar Lodebar de ti, debes meter Su reino en ti. Es por eso que la promesa número tres —"Comerás conmigo en la mesa del rey"— es la más importante. No tendrás la capacidad de aceptar la alucinante bondad del Rey (promesa número uno) y su generosidad desbordante (promesa número dos) hasta que vivas a tiempo

> **Tu vieja forma de pensar tiene que ser reemplazada, no solo eliminada.**

completo en la presencia del Rey, escuchándolo (promesa número tres).

Estoy siendo tan literal y directo como puedo: buscar estar en presencia del Rey. Una forma de hacerlo es con algo que me gusta llamar los Treinta Sedientos: diez minutos diarios de lectura de la Biblia, diez minutos de oración y diez minutos de adoración. Así es como prácticamente te sientas a su mesa y en su presencia para escucharlo.

Ya sabes: progresión sobre perfección. Empieza con cinco o siete minutos —lo que puedas hacer ahora mismo—; luego desarrolla tus músculos de fe hasta que sean veinte o treinta minutos o hasta que simplemente te pierdas en un tiempo íntimo con Dios. Lee, medita y memoriza las Escrituras. Ora (es decir, habla con Dios). Pon música de alabanza en tu auto y canta a todo pulmón, recordando lo que Cristo ha hecho por ti (por favor, mantén las manos en el volante o detente si sientes que estás a punto de tener un momento de intensa adoración, lo que llamo un "episodio bautista").

O guarda silencio. También puedes Escuchar en su presencia. No importa cómo lo hagas, vivir en la presencia del Rey transformará tu perspectiva. Como veremos, esto es exactamente lo que le sucede a Fibo.

Usa tu santa imaginación conmigo por un minuto, y visualiza una larga mesa señorial cubierta con todo tipo de exquisiteces para comer y beber. Hay velas altas en elaborados candelabros de oro, envolviendo todo y a todos con un cálido resplandor. Es la clase de iluminación que favorece a todo el mundo, como ese filtro de Instagram que nos hace ver tan guapos. Estás en la mesa, vestido con tu mejor traje hecho a medida, con una multitud de amigos, familiares, conocidos, personalidades de alta sociedad, atletas, *influencers* y celebridades admirables. Al mirar alrededor de la sala, te das cuenta de que estás sentado en la misma mesa con toda esa gente "importante". Puede que te sientas un poco fuera de lugar, pero el asiento lleva tu nombre, así que te quedas y disfrutas del momento.

Ahora imagina que del otro lado de la mesa está Mefiboset. Te preguntas qué estará sintiendo en ese momento. Hace apenas veinticuatro horas, era un arrimado en casa de Makir, y ahora tiene un asiento asignado en la mesa del rey, al privilegiado nivel de quienes lo rodean, por primera vez en su vida adulta. Nadie está por encima de él. Además, tal vez el aspecto más significativo es que en la mesa de este rey, nadie lo juzga por sus heridas. Sus piernas atrofiadas y paralizadas tienen espacio y reciben gracia en la mesa del rey.

El rey tiene gracia suficiente para todos los daños y heridas. Amigo, quiero que sepas: no importa el golpe que recibiste, el daño que causó o está causando en este momento, tienes un lugar en la mesa del Rey porque de eso se trata la gracia de Dios. Te da lo que no te has ganado, lo que no mereces, en un despliegue abrumador de favor y bondad. Hoy Mefiboset está sentado a la mesa de la gracia.

La misma invitación está abierta para ti.

El Rey nos invita a reunirnos como amados amigos y familiares en torno a su mesa, a disfrutar del cálido resplandor de su gracia y favor, a recibir y compartir todo buen regalo que nos obsequia. Él quiere que te sientas tan desbordado por su misericordia, tan agradecido y satisfecho como para preocuparte por el daño de los demás. Tienes un asiento asignado en la mesa del Rey.

¿Recuerdas la promesa número tres? "Siempre comerás en mi mesa". En otras palabras, siempre estarás cubierto por la gracia. ¿Cuántos días crees que deba comer Fibo en el lugar de la gracia para dejar de sentirse como un perro muerto? Si mi propia experiencia sirve de modelo, no toma mucho tiempo.

Hoy puede que te encuentres en una situación que parece desesperada. Acerca una silla a la mesa de la gracia del Rey, y verás lo rápido que puede cambiar la situación.

En este momento, puedes sentirte atrapado en la depresión y la ansiedad. Acerca una silla a la mesa de la gracia del Rey y experimenta la verdadera libertad.

Puede que estés en medio de las consecuencias de algo que hiciste mal. Acerca una silla a la mesa de la gracia del Rey y verás cómo desaparecen la vergüenza y condenación.

O tal vez estás en la cima del mundo, pero sigues batallando con esa sensación de vacío y soledad. Acerca una silla a la mesa de la gracia del Rey y llénate hasta sentirte felizmente desbordado por el amor del Rey.

La mesa del Rey

En lugar de solo imaginártela en la pantalla de cine de tu mente, generemos una ayuda visual a la que puedas volver siempre que necesites un recordatorio de la gracia de Dios. En el espacio de abajo, escribe o haz un bosquejo de lo que está pesando más en tu mente o corazón en este momento, especialmente acerca de ti mismo. Fibo se sentía como un perro muerto. ¿Cómo te sientes tú? Sé específico y descriptivo.

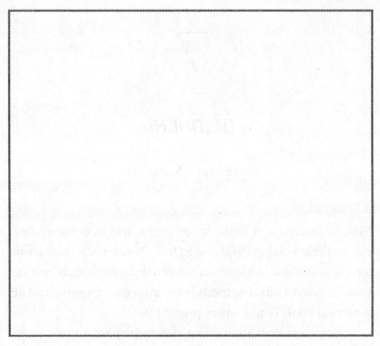

Recuerda que tu Lodebar —tu antigua forma de pensar— debe ser sustituida. Para hacerlo, ve al final del libro (página 183), recorta a lo largo de las líneas punteadas de uno de los recuadros y luego pega ese rectángulo sobre lo que acabas de escribir o bosquejar arriba. Decora el espacio limpio con imágenes, palabras o versículos de las Escrituras que te recuerden la gracia infinita de Dios. Más tarde hoy, o mañana, o la semana que viene, o dentro de un mes, cuando necesites un recordatorio de la gracia que siempre y para siempre está disponible para ti, vuelve aquí para Escuchar a Dios. Al final del libro encontrarás una actividad adicional relacionada con la mesa del Rey para cuando, en el futuro, te sientas como perro muerto y necesites escribir al respecto, de manera que permitas a Dios cubrir y cambiar con su gracia esos sentimientos. La mesa de la gracia está preparada para ti. Acerca una silla.

DI ¡*OUCH!*

Elevación ≠ Sanación

Nunca criticaría a la Biblia, porque creo que es la incorruptible, infalible y fiable Palabra de Dios. Pero a veces, si soy sincero, desearía que hubiera una versión de lujo que incluyera las anotaciones del director, todas las escenas que se eliminaron de la versión final. Tengo tantas preguntas.

¿Cómo cosieron Adán y Eva esas hojas para hacer los primeros bikinis?

¿Noé se sitió mareado en el arca?

¿Qué hizo la esposa de Potifar con la ropa de José?

¿Le dolían los pies a Moisés después de escalar tantas montañas? No me digas que no tenía al menos un juanete.

¿Cuántas veces, en su casa, convirtió Jesús el agua en vino para María antes de que ella le dijera que lo hiciera en las bodas de Caná?

¿El pequeño niño consiguió algo de pescado y pan después de que los discípulos le robaran su merienda para alimentar a cinco mil personas hambrientas?

Preguntas. Preguntas importantes.

¿Una cosa que realmente me gustaría saber? Me gustaría que el segundo libro de Samuel dijera qué pasa con Mefiboset durante los meses y años después de que se unió al rey y gozó de la gracia que le brindó. Porque no es como si todos sus problemas se resolvieran inmediatamente, ¿cierto? Digo, el tipo todavía no puede caminar. Y su mentalidad de perro muerto es un fuerte indicador de que también está lisiado emocional y espiritualmente. Daños como esos no desaparecen de la noche a la mañana. Que Fibo haya sido elevado no significa que esté rehabilitado.

¿Ve Fibo al cirujano ortopédico del rey? ¿Consulta con un fisioterapeuta? ¿Visita al mejor especialista en traumatología de Jerusalén? ¿Se reúne en el tabernáculo con el equipo pastoral encargado del cuidado de la congregación?

Las Escrituras no dan más detalles, pero según mi propia experiencia, acercar una silla para escuchar al Rey es el principio del proceso de sanidad, no el final. Recordar el golpe es el primer paso, no el último.

> **La elevación no garantiza la rehabilitación.**

1. Recordar el golpe. (Hecho.)
2. **Reconocer el dolor. (Es hora de hacerlo.)**
3. Darse cuenta del obstáculo.
4. Volver a la humildad.
5. Recibir la sanidad de Dios.

La elevada posición de Mefiboset no significa que haya sanado. La elevación no garantiza la rehabilitación. Como dice el diácono Drake: "Empezamos desde abajo, ahora hasta aquí hemos llegado".* Pero "hasta aquí hemos llegado" no significa "hemos sanado". Esto es cierto en todas las áreas de la vida. La nueva posición no significa perspectiva renovada. La mejor oficina nueva no le brindará más claridad a tu mente. La abundancia de seguidores no equivale a abundancia de frutos

---

* Drake, "Started from the Bottom", *Nothing Was the Same*, Cash Money Records, 2013.

> **Las cargas se sienten más pesadas cuanto más alto llegas.**

en tu vida. Una diferente relación no asegura restauración. Una gran plataforma no significa que caminas en tu propósito.

De hecho, puedo decir con confianza que, si no estás ya en el camino de la sanidad, la elevación solo aumentará la tensión y la presión sobre las áreas en ti que están dañadas.

Un alpinista puede dar testimonio que cuanto mayor es la altitud, más difícil es respirar. Las cargas se sienten más pesadas cuanto más alto llegas. Pero tenemos un Salvador que dice:

> Vengan a mí todos ustedes que están cansados y agobiados; yo les daré descanso. Carguen con mi yugo y aprendan de mí, pues yo soy apacible y humilde de corazón, y encontrarán descanso para sus almas. Porque mi yugo es suave y mi carga es liviana. (Mateo 11: 28-30).

Si queremos intercambiar nuestras pesadas cargas por el yugo ligero y fácil del Señor, debemos reconocer que nuestras cargas existen. Seré sincero contigo: solo en los últimos dos años he empezado a aprender a hacer esto.

2. Reconocer el dolor

Puedes decir ¡*ouch*!

Aguanta y supéralo

Mi hermano Gabe fue mi primer mejor amigo. Solo tiene dieciocho meses más que yo, y desde el momento en que ambos pudimos movernos, hacíamos todo juntos. Éramos compañeros: Gabe tenía ideas y yo las comunicaba. (¿He dicho ya que me gusta hablar?).

No fue hasta que llegamos a la escuela primaria Hoover cuando empecé a darme cuenta de que yo era quien hablaba porque a Gabe solía costarle comunicar rápidamente sus pensamientos. Tenía lo que llamaban un problema de aprendizaje, y el colegio lo ubicó en clases especiales para apoyarlo en su educación. Yo charlaba con cualquiera que quisiera escucharme y hacía amigos a diestra y siniestra. Pero Gabe no parecía tener el mismo tipo de relaciones.

Entonces llegó Derek. El Estúpido Derek, un imbécil abusador (y un hijo de Dios). El Estúpido Derek se burlaba de la forma de hablar de Gabe y hacía todo lo posible por humillar a mi querido hermano mayor delante de los demás.

¡Me enfurecía tanto! Estaba enfadado por Gabe. Pero yo era el hermano *pequeño*, así que dejé que Gabe tomara la iniciativa. Quería que mi hermano agarrara al Estúpido Derek por su flaco cuello, le diera una patada ya sabes dónde, le aplicara el golpe de lucha libre "aturdidor a sangre fría". (A escondidas veíamos las luchas en televisión). Pero en aquel momento, Gabe no era confrontativo. Cuando el Estúpido Derek comenzaba a molestarlo, se limitaba a decir "Déjame en paz" y se iba para otro lado.

Día tras día, semana tras semana, mes tras mes, veía cómo el Estúpido Derek se ensañaba contra mi hermano. Hasta que un día no pude más. Enloquecí. Sabía que las consecuencias de pelear a puño limpio serían graves, así que decidí luchar con mis palabras. Lo destrocé. Lo mandé a volar. Destruí al Estúpido Derek con todo tipo de insultos y bromas sarcásticas que puedas imaginar. Me ensañé contra su ropa. Me ensañé contra su pelo. Me ensañé contra sus zapatos. Me ensañé contra la poca loción que usaba. Me ensañé contra sus amigos. A decir verdad, me ensañé hasta con su madre. Cualquier insulto que se me ocurría salía de mi boca sin pensarlo dos veces. Todavía puedo ver la sorprendida y compungida carita del Estúpido Derek. Casi me siento mal por él.

Casi.

Gracias a Derek y a los abusadores como él, aprendí temprano en mi vida que mis palabras son poderosas. Pero también aprendí a no mostrar debilidad. Estaba dañado, porque en cuarto grado cerré la caja fuerte de mi vulnerabilidad. Llegué a la conclusión de que la vulnerabilidad se convierte en una munición que el enemigo aprovecha. Si un tiburón huele tu sangre en el agua, te conviertes en su carnada. Claro, puede que te hagan daño. Pero más vale que te aguantes y no le muestres a nadie tu dolor.

Los chicos no lloran.

Sé un hombre.

Sacúdetelo.

Aguántalo.

Acaba con ellos antes de que ellos acaben contigo.

Más vale que no dejes que te ganen.

Nunca dejes que te vean sudar.

Hoy en día llamamos a esto masculinidad tóxica, y doy fe de que *tóxica* es exactamente la palabra correcta.

Esa poción está contaminada.

Esa tintura está viciada.

Esa droga está adulterada.

Estoy convencido de que la masculinidad es necesaria, pero no tiene por qué ser perversa o maliciosa. Necesitamos expresar emociones. Permíteme ser más específico: los *hombres* necesitan expresar emociones. Permíteme ser más inclusivo: todos necesitamos expresar emociones. ¿Por qué? Porque Dios diseñó los sentimientos para que salieran, no para que se acumularan en nuestro interior. Si los encerramos en vez de dejarlos salir, nuestras emociones nos comerán vivos. Las emociones reprimidas se convierten en malestar o enfermedad.

Si no expresamos abiertamente la tristeza, la decepción y la pena, se vuelven hacia dentro y se convierten en depresión.

Si no expresamos abiertamente el miedo, la preocupación y la duda, se vuelven hacia dentro y se convierten en ansiedad.

Si no expresamos abiertamente la frustración, el abuso y el dolor, se vuelven hacia dentro y se convierten en ira y rabia.

La ciencia nos dice que muchas enfermedades físicas están relacionadas con enfermedades emocionales.* Si esto es cierto, ¿podría ser nuestra sanación emocional un antídoto para nuestras dolencias físicas?

Encerré mi vulnerabilidad en una caja fuerte cuando era muy joven. Fue hace unos años, siendo adulto, que encontré la clave para abrir esa puerta que creía que me protegía, y hacerlo ha sido uno de los regalos más valiosos que jamás pude hacerme. Empecé a utilizar el poder de las palabras para sanar.

Después de aquel desayuno con Tim Ross, cuando recordé el golpe —¡Nunca me dejaban tocar!— me dirigí a casa y fui completamente vulnerable con Natalie. Me sentí extraño. Me sentí en riesgo. Me sentí sobreexpuesto. No me limité a contarle lo de la silla marrón y que deseaba que Chuck se cayera de la silla frente a la batería y muriera para que yo pudiera tocar. En la segura intimidad de nuestra relación, admití algo que nunca le había contado a nadie: "Me dolió. Me dolió mucho. Me dolió tanto que hice todo lo que pude para no volver a sentir ese

> **Las emociones reprimidas se convierten en malestar o enfermedad.**

---

* Véase, por ejemplo, "How Does Mental Health Affect Physical Health", WebMD, 29 de marzo de 2021, www.webmd.com/mental-health/how-does-mental-health-affect-physical-health.

dolor. El rechazo me rompió el corazón. Me dolió. Fue doloroso. Me dolió. Sí, fue hace años. Pero dolió".

Yo

dije

¡*ouch*!

¡*Ouch*! ¡Eso dolió!

Ese fue un momento en el que necesité escuchar a Dios, entender progresivamente, compartir íntimamente y llegar al corazón del asunto. El corazón de mi asunto era que estaba herido.

Y tardé *solo* veintiún años en admitirlo.

¿Cuándo fue la última vez que dijiste *ouch*? Porque solo cuando eres lo suficientemente vulnerable para admitir que estás herido, eres lo suficientemente vulnerable para sanar.

Reconocer la herida, admitir dónde nos duele, decir ¡*ouch*! es como hacer una foto del "antes" de tu situación. Es una imagen instantánea de nuestro estado actual. Mi esperanza para ti es que eventualmente habrá una foto del "después": después de que hayas recordado el golpe, después de que hayas reconocido el dolor, después de que hayas recibido la sanidad de Dios. Y no puedo esperar a que compares y contrastes dónde has estado y hacia dónde te está llevando Dios.

> Solo cuando eres lo suficientemente vulnerable para admitir que estás herido, eres lo suficientemente vulnerable para sanar.

Tu próximo paso hacia la sanidad es tomar una imagen instantánea de tu estado actual. Es hora de reconocer el dolor. No te asustes. Por favor, no trates de cubrir tus arañazos, abolladuras, golpes y daños. Vamos, eso ya lo hemos superado.

Necesitamos la imagen *real* del "antes". Sin filtros.

Necesitamos hacer un inventario, un diagnóstico de dónde nos duele.

Tus fotografías del "antes"

En los siguientes cuadros, dibuja o escribe sobre tus heridas emocionales, mentales, espirituales y/o físicas provocadas por daños del pasado. Incluye la palabra *ouch* en al menos uno, porque a veces hay que decirlo.

Sí, reconocer tus heridas es doloroso. Este nivel de autoconciencia y descubrimiento es difícil, pero creo que tu foto del "después" hará que valga la pena todo el trabajo que estás haciendo, con la ayuda del Espíritu Santo.

Cuando reconoces el dolor, abres espacio para la gracia.

Una vez que empieces a recorrer este camino hacia la sanidad, descubrirás heridas de las que no eras consciente. Por eso, hemos incluido cuadros extra del "antes" al final del libro, para que puedas decir *ouch* tantas veces como necesites.

El efecto dominó

Cuando la gracia del Rey cae sobre tu vida, nada permanece igual. Al igual que cuando lanzas una piedra a un lago se producen ondas expansivas alrededor, la gracia causa un efecto en cadena que comienza contigo y se extiende hacia la vida de las personas que te rodean.

Cuando he estado en la orilla y he lanzado una piedra al agua, nunca he visto dónde termina la onda expansiva. Lo que me hace imaginar: *¿será que todavía sigue extendiéndose? ¿Lo que hice en cierto momento seguirá afectando situaciones y personas que no veo?*

¡Sí! ¡Eso es lo que ocurre cuando entra la gracia! Oleada tras oleada del amor de Dios, oleada tras oleada de sus bendiciones, un cúmulo de misericordia que resuena por toda la eternidad. La gracia es como una inundación. La gracia de Dios es *infinita*.

Pero lo más emocionante es que está *disponible* para ti y para mí.

Te doy una buena noticia: a Dios le encanta derramar su gracia sobre personas que no creen merecerla. Y permíteme ser más directo: a Dios le encanta derramar su gracia sobre personas que tú crees que no la merecen. Es total y absolutamente escandaloso.

Lo triste es que muchas personas dañadas creen que Dios quiere atacarlas y condenarlas, cuando en realidad Dios quiere salvarlas. El evangelio de Lucas cuenta la historia de un hombre con problemas de estatura llamado Zaqueo —¿lo recuerdan? "Un hombrecillo" para los que hemos crecido yendo a campamentos bíblicos—, que quiere ver a Jesús. Zaqueo es un recaudador de impuestos, un judío que colabora con los romanos paganos invasores para robar el dinero que sus vecinos han ganado con tanto esfuerzo. Ahora, recuerda, no estamos hablando de funcionarios electos justamente ni de agentes de la oficina de impuestos de ahora. Estamos hablando de un ejército extranjero oprimiendo a la gente, exigiendo la cantidad de dinero que se les ocurría en el momento. Y para recaudar todos esos impuestos sin ensuciarse directamente las manos, los romanos utilizan a judíos como Zaqueo.

Es justo decir que el avaro, traicionero, tímido y dañado Zaqueo no es el chico favorito del barrio. Sin embargo, cuando se encuentra con Jesús, cuando la gracia llega inesperadamente a su vida, Zaqueo cambia sus prioridades y devuelve todo el dinero que ha robado.

Es entonces cuando Jesús dice: "He venido a ignorar y rechazar a los dañados".

¡No!, estoy bromeando. Solo me aseguro de que sigas despierto.

Esto es lo que Jesús dice en realidad: "[Yo] he venido a buscar y a salvar a lo que se había perdido" (Lucas 19:10). Jesús viene a buscar, encontrar y salvar a los que están extraviados, frustrados, decepcionados, heridos, deprimidos, pobres, abandonados, ansiosos, traumados, enfadados y rechazados.

Yo.

Tú.

Nosotros.

En Jesús, la gracia llega y lo cambia todo.

Zaqueo experimenta el efecto dominó de la gracia, y el resultado es que les paga a las personas a quienes estafó... lo que cambia a las familias de esas personas... lo que cambia al vecindario... lo que cambia a toda la ciudad. El encuentro de un hombre con la gracia cambia a toda una comunidad.

Eso es tan poderoso.

Mefiboset también experimenta el efecto dominó multiplicador de la gracia. En su caso, parece que heredará la riqueza y el estatus destinados a su padre, Jonatán. Fibo recibirá el favor y la bondad inmerecidos del rey. Mefiboset no se ha esforzado para lograr eso. Simplemente lo recibe.

Porque por gracia son salvos por medio de la fe; y esto no de ustedes pues es don de Dios. (Efesios 2:8)

Lo que intento decir es que, cuando la gracia llega, impacta más allá de ti. El favor y la bondad del Rey pueden resonar e impactar de generación en generación. Pero tiene que empezar con alguien.

¿Por qué no tú?

La elevación requiere una actualización

Cuando Fibo está en camino al palacio del rey David, tiene motivos para creer que el rey quiere destruirlo. Pero la verdad es que David quiere *restaurarlo*. ¿Recuerdas las tres promesas?

1. Te mostraré benevolencia.
2. Te daré todas las propiedades de tu abuelo.
3. Comerás conmigo en la mesa del rey.

Pasar tiempo en presencia del rey, aprendiendo a aceptar su bondad, inicia una transformación interna en Fibo. Su situación exterior ha cambiado, pero para que su disposición interior (Lodebar) se adapte a sus nuevas circunstancias, necesita pasar mucho tiempo en la amorosa presencia del rey. ¿Por qué es importante? Porque el rey David lo hará dueño y señor de todo lo que poseía Saúl, el abuelo de Fibo.

Con un chasquido de David, Fibo pasa de ser alguien que pedía prestado a alguien que presta, de ser un mendigo a un rico terrateniente.

Presta atención… ahora predico, oh, sí, estoy predicando esta verdad.

Él debe sacar a Lodebar de su interior, porque ahora tiene vacas y ovejas que necesitan pasto para comer, y la mentalidad de "un lugar sin pastos" no le servirá. Su elevación implica cambio, es decir que no puede mantener todo igual en su vida. No puede acampar en el sofá de Maquir manchado de cerveza y jugar *Call of Duty* dieciséis horas al día. No puede simplemente quedarse viendo de un tirón las seis temporadas de *Empire* (otra vez).

¿Qué intentas decir, pastor Mike?

La actualización de Dios requiere tu actualización.

Te digo que cuando la gracia entra en ti, no puedes quedarte como si nada hubiera pasado. El duro trabajo de corazón que estamos haciendo es necesario para el siguiente nivel que Dios tiene para ti.

Cuando Dios te eleva para convertirte en el CEO que siempre has soñado ser, no puedes insistir en que no te gusta leer. Será mejor que renueves tu mentalidad, futuro CEO.

Permíteme hablar de mí mismo.

El Mike Todd de secundaria solía decir cosas como "Leer es aburrido. Conseguiré un resumen. Alquilaré la adaptación al cine en Blockbuster". Pero al pastor Mike Todd le *encanta* leer. Si no leo con frecuencia y propósito, me descalifico a mí mismo de la posición a la que Dios me ha elevado.

A decir verdad, al líder pastor Mike Todd todavía le gustaría decir cosas como "Odio hacer ejercicio. Es duro, y tengo mejores cosas que hacer". Pero Dios me ha dicho claramente: "Puedo bendecir tu ministerio solo en la medida en que tu cuerpo pueda soportarlo". Si no fortalezco y acondiciono el

> La actualización de Dios requiere tu actualización.

único cuerpo que Él me ha dado (su templo), no podrá estar a la altura a la que Él me ha elevado.

¿Qué disciplinas necesitas ejercitar para estar al nivel de tu elevación?

¿Qué prioridades necesitas cambiar para abrazar y comprometerte con la plataforma donde te encuentras ahora?

¿Qué hábitos necesitas romper para administrar tu influencia?

¿Qué mentalidad necesitas eliminar para recibir la elevación de Dios?

La tomo y me la quedo

Según Google, *restaurar* significa "traer de vuelta, devolver algo o a alguien a una condición, lugar o posición anterior". Y restauración es exactamente lo que nuestro Rey quiere para nosotros, sin importar la magnitud de nuestro daño. Es lo que Él quiere para *ti*.

Cuando la gracia entra, Dios restaura las bendiciones generacionales. ¿Qué es eso? Bueno, así como Saúl tenía riquezas terrenales que eventualmente habrían sido la herencia de su nieto, Dios tiene abundancia de bendiciones destinadas a tu línea familiar: tú, tus padres, tus abuelos, y tus ancestros aún más atrás.

Algunos de ustedes estarán diciendo: *¿Dónde está? Me vendría bien esa abundancia de bendiciones en este momento.* La verdad es que todo tipo de cosas pueden suceder para interrumpir el paso de las bendiciones generacionales. A veces nuestros antepasados no fueron obedientes, así que la bendición de Dios se les escapó de las manos. Eso es lo que sucedió en el caso del rey Saúl. Pero las bendiciones perdidas no siempre tienen que ver con la desobediencia. He aquí un ejemplo muy cercano a mí.

Mi abuela Leola Jones era una ministra del evangelio en el barrio Reisor de Shreveport, Luisiana, principalmente desde su cocina, porque no se le dio la oportunidad, ya fuera por su género o raza o ambos, de expandirse más allá. Estaba dotada, era llamada y fiel, y tuvo un impacto en la comunidad que la rodeaba por causa del Evangelio.

> Cuando la gracia entra, Dios restaura las bendiciones generacionales.

Leola pasó su manto de ministerio a mi madre, Brenda Jones Todd, quien respondió al llamado de Dios a los doce años y ha hecho mayores hazañas para el reino de las que Leola jamás se atrevió a imaginar. Ella ha ministrado con mi padre en plataformas a través de la nación y alrededor del mundo a decenas de miles, tal vez cientos de miles necesitados de Jesús. Pero ni siquiera mi madre recibió todo lo que Dios había guardado para nuestra línea familiar.

Entonces, cuando el manto del ministerio me fue transferido, heredé lo que yo llamaría bendiciones generacionales, una abundancia de bendiciones. ¿Quién recibe una iglesia que ya está pagada y lista para crecer? Esas no fueron *mis* bendiciones. No, estoy convencido de que las bendiciones con las que comencé mi ministerio fueron las de mi madre y mi abuela, y posiblemente las de mi bisabuela, que se extendieron como evidencia de la gracia y el favor de Dios sobre nuestra familia. Por varias razones, mis antepasados no pudieron caminar plenamente en esas bendiciones, así que cuando la gracia cayó en mi vida, me fueron restauradas. No solo eso: ¡yo puedo ser fiel para transmitir esas bendiciones y confiar en el

Espíritu Santo para que las transfiera en y para mis hijos y sus hijos!

Hay una bendición que Dios quería para tu padre, abuelo o bisabuelo que ha estado esperando a que alguien de tu familia diera un paso al frente y dijera: "Yo la tomo y me la quedo". Tal vez pensaste que se había perdido para siempre, pero Dios dice: "Mira mi historial. Hice un pacto con Abraham que se cumplió generaciones después a través de Josué, quien finalmente condujo a mi pueblo a la Tierra Prometida. La gente que Josué condujo a Canaán, esa tierra donde fluye leche y miel, eran los *hijos* de los esclavos que Moisés sacó de Egipto. El hecho de que sus padres fallaran en la bendición no significa que Yo lo hiciera. Yo cumplí mi palabra, y sus hijos recibieron mi bendición".

Lo que Dios tiene para tu familia es *para tu familia*, pero alguien debe tener suficiente 𝕱𝖊 𝕷𝖔𝖈𝖆 para reclamarlo y decir: "Yo lo tomo y me lo quedo". Así que conversemos un poco sobre la fe.

¿Confianza en mi identidad? Yo la tomo y me la quedo.

¿Una vida empoderada por el Espíritu? Yo la tomo y me la quedo.

¿Vivir mi propósito? Yo lo tomo y me lo quedo.

¿Un matrimonio saludable? Yo lo tomo y me lo quedo.

¿Estabilidad financiera? Yo la tomo y me la quedo.

¿Salud mental? Yo la tomo y me la quedo.

¿Inteligencia emocional? Yo la tomo y me la quedo.

¿Hijos que sirven a Dios? Yo los tomo y me los quedo.

¿Relaciones familiares sanas? Yo las tomo y me las quedo.

¿Amistades seguras y crecientes? Yo las tomo y me las quedo.

¿Bendecir a los que me rodean? Yo lo tomo y me lo quedo.

¿Romper ciclos generacionales? Yo lo tomo y me lo quedo.

¿Libertad de las adicciones? Yo la tomo y me la quedo.

¿Abrazar un sano ritmo de descanso? Yo lo tomo y me lo quedo.

¿Ser fructífero y multiplicarme? Yo lo tomo y me lo quedo.

¿Dejar una herencia de bendiciones? Yo lo tomo y me lo quedo.

¿Sanar mis heridas? Yo lo tomo y me lo quedo.

Si no lo has comprendido hasta ahora: el plan de Dios para ti es la restauración.

Puedes venir de generaciones de divorcio, divorcio, divorcio.

Puede que tengas una predisposición genética a desarrollar cáncer de mama.

Puede que seas heredero de una fortuna de esperanzas y sueños mal administrados.

Puede que tengas los ojos de tu padre, y su mentalidad de pobreza.

Puede que vengas de una larga línea de problemas con el manejo de la ira.

Nada de esto es lo que Dios quiere para tu familia, y no es lo que Él quiere para ti. Esto es lo que Él quiere:

En vez de su vergüenza,
mi pueblo recibirá doble porción;
en vez de deshonra,
se regocijará en su herencia;
y así en su tierra recibirá doble herencia
y su alegría será eterna.
(Isaías 61:7)

¡Estas son las promesas del Rey! ¡No dejes que tu vieja mentalidad de perro muerto te impida creerlas!

Está bien si todavía no estás totalmente convencido. Fibo tampoco lo estaba al principio. Debe disfrutar de muchos desayunos, almuerzos y cenas en la mesa de gracia del rey antes de creer que es algo más que un perro muerto destinado a Lode-bar. Probablemente estaría encantado si el rey lo hospedara en un hotel con desayuno continental. *¡Me encantan los waffles calentados en tostadora! Oooh, ¿y cereal de caja? Tony el tigre de Kellogg's es mi favorito.*

Pero el rey tiene en mente mucho más que wafles congela-dos para Fibo.

David quiere que el hijo de su mejor amigo prospere, no solo que sobreviva. No que mendigue. No que se las arregle. Que *florezca*, y que el florecimiento de Mefiboset se extienda como una gracia continua en la vida de todos a su alrededor.

Hablando de eso...

Cuando la bendición del Rey es para alguien más

Fibo es elevado a un nivel superior, pero no es el único. Mira esto:

> Pero David llamó a Siba, el administrador de Saúl, y dijo:
> —Todo lo que pertenecía a tu amo Saúl y a su familia se lo entrego a su nieto Mefiboset. Te ordeno que cultives para él la tierra y guardes la cosecha para el sustento de su casa. Que te ayuden tus quince hijos y tus veinte criados. En cuanto al nieto de tu amo, siempre comerá en mi mesa.
> —Tu servidor hará todo lo que mi señor el rey me ordene —respondió Siba.
> A partir de ese día Mefiboset se sentó a la mesa de Da-vid[a] como uno más de los hijos del rey. (2 Samuel 9:9-11)

Seamos sinceros. "Sí, señor" es lo único que *puede* decir Siba. No tiene otras opciones. David no es el alcalde de una ciudad, ni el gobernador de un condado, ni el presidente de los Estados Unidos que le ofrece a alguien un trabajo que puede rechazar. No. David es el rey. Su palabra es la ley que gobierna toda la tierra. Él dice "ve", y tú vas. Él dice "salta", y tú dices "¿qué tan alto?". Él dice "corre", y tú dices "¿hasta dónde? ¿Puedo ofrecerle algo más, señor?".

Siba ha servido a dos reyes diferentes, y sabe lo que toca hacer. Sabe que: "Haré todo lo que me has mandado" es la única respuesta posible.

Eso no significa que esté contento. A medida que avanza la historia, descubriremos que Siba es muy infeliz.

En lugar de regocijarse por la restauración y ascenso de Mefiboset, Siba se pone celoso. De pies a cabeza, está absolutamente verde de envidia por el favor del rey hacia Fibo. ¿Por qué bendeciría el rey a este desastre de hombre, a este nieto lisiado de un enemigo, de Saúl, quien intentó asesinarlo una docena de veces en el pasado distante? (Ver 1 Samuel 18-26.) ¡No tiene sentido!

Para realmente poner la envidia de Siba en perspectiva debemos entender algo. ¿Recuerdas que era práctica común en la antigüedad que un nuevo rey ejecutara a toda la familia del antiguo monarca para disminuir las posibilidades de una guerra civil? Bueno, no solo eliminaban a los integrantes de la familia. Por regla general, también eliminaban a sus sirvientes y sus cónyuges e hijos, muy al estilo de la mafia de *El padrino*.

¿Qué significa eso? Significa que Siba debería estar muerto. Significa que la gracia ha caído en *su* vida también. ¿Cómo lo sabemos? Porque Siba aún respira. En lugar de lanzar un ataque a la familia de Saúl, incluyendo a Siba, sus hijos y sus sirvientes, David, el nuevo rey, los restaura a todos y les permite participar en su reino.

¡Pero el rey no se detiene ahí! *Eleva* a Siba y a su familia a una seguridad laboral multigeneracional. ¡Siba consigue un ascenso! Pasar de criado en la trastienda del palacio a ser administrador de una propiedad real es un ascenso, el equivalente

> **Un ascenso se ve frustrado cuando empiezas a comparar.**

a trabajar en una sala de ventas y luego ascender a una oficina corporativa. Pero un ascenso se ve frustrado cuando empiezas a comparar. En lugar de comparar la bendición de su nueva posición con la que tenía antes, Siba empieza a fijarse en la bendición de Fibo. Me parece que Siba también necesita mejorar *su* mentalidad.

Pero si ustedes tienen envidias amargas y rivalidades en el corazón, dejen de presumir y de faltar a la verdad. Esa no es la sabiduría que desciende del cielo, sino que es terrenal, no espiritual y demoníaca. Porque donde hay envidias y rivalidades, también hay confusión y toda clase de acciones malvadas. (Santiago 3:14-16)

La envidia es un pecado que abre puertas. Cuando la envidia se apodera de tu imaginación, con el tiempo te encuentras en lugares donde nunca pensaste que estarías, haciendo cosas que nunca pensaste que harías, persiguiendo cosas que en principio nunca fueron tuyas. Primero los celos, luego la ambición egoísta, y lo siguiente es descubrirte presumiendo, mintiendo y manipulando, sin darte cuenta, estás hasta las cejas haciendo todo tipo de maldades.

Esto es lo que yo llamo la Zona Siba.

Mantente fuera de la Zona Siba.

¿Pero cómo, pastor Mike?

Dios quiere restaurarte y ascenderte. Pero también quiere que te regocijes cuando Él restaura y asciende a otras personas (Romanos 12:15). Puedes pensar que ellos no lo merecen. Puedes pensar que ellos sienten pena y que es mejor que estén perdidos en Lodebar. Pero escúchame lo que te digo: si alguna vez te encuentras comparándote con los Mefiboset a tu alrededor, estás perdiendo de vista el asunto más importante. No son *ellos* los que deben preocuparte. Si sientes celos por su situación, no estás prestando atención a la persona que importa: el Rey. Dios. Él está por sobre el ascenso.

La exaltación no viene del oriente ni del occidente ni del desierto, sino que es Dios el que juzga: a unos humilla y a otros exalta. (Salmo 75:6-7)

La bondad del rey, la generosidad del rey, la gracia del rey, son las únicas cosas que Siba debería notar.

¿Qué sería diferente en tu vida si salieras de la Zona Siba para notar y dar sinceras gracias por la restauración y el ascenso que Dios brinda a la vida de otras personas? Te desafío a encontrar a alguien *esta semana* para celebrar. Cuando alguien sea bendecido en los próximos días, te reto a regocijarte con ellos. No ignores sus publicaciones en redes sociales o actúes como si no los vieras compartiendo que la gracia y el favor de Dios están cayendo sobre ellos como lluvia. Emociónate. Deja un comentario. Elogia. Envíales un mensaje de texto o mensaje directo. Si te animas a volverte realmente loco, llámalos por teléfono. Escríbeles una nota o envíales una tarjeta por correo, con sello y todo. Enfoca tu atención en el Rey lleno de gracia que está restaurando y elevando a personas dañadas en todas partes, porque la gloria y la honra son de nuestro Señor.

Si Él lo hace por ellos, Él es capaz de hacerlo por ti.

Mantente fuera de la Zona Siba.

Es más divertido celebrar que odiar.

CUANDO EL DAÑO ES UN TRABAJO INTERNO

El efecto dominó de la disfunción

Toda familia es un poco disfuncional porque las familias están formadas por personas, y las personas están agrietadas, rotas y magulladas. Dañadas. Pero seamos realistas: algunas personas —y, por ende, algunas familias— son más disfuncionales que otras. ¿A quién conoces que provenga de una familia disfuncional? Si no puedes pensar en nadie, probablemente seas tú. Pero, hablando en serio, si eso describe a tu gente, espero que te tranquilice conocer el drama de la familia de Mefiboset (abuelo psicópata y padre asesino). A mí me hace sentir mejor. La buena noticia es que ni siquiera los daños provocados por la familia de origen escapan de la capacidad restauradora del Rey.

> **Ni siquiera los daños provocados por la familia de origen escapan de la capacidad restauradora del Rey.**

La familia de Fibo no es la única con problemas en el segundo libro de Samuel. De hecho, David puede ser grande y bueno como rey de Israel, pero es un padre perezoso con sus hijos. (Esto demuestra que el único héroe *verdadero* de la Biblia es Jesús. Incluso los héroes de la Biblia Lo necesitan). David tiene sus propias heridas sin sanar y, en su caso, las heridas se convierten en una maldición generacional en lugar de una bendición generacional. Le hereda su daño a la siguiente generación.

Permíteme hacerte una advertencia antes de que resuma tres capítulos bíblicos llenos de acción en cinco minutos. 2 Samuel 13-15 es un texto escandaloso. Hay cosas desagradables ahí. No estoy hablando de escupirle a tu hermano; estoy hablando de intrigas y dramas repugnantes al estilo de *Juego de tronos* o *El color púrpura*. Ustedes no saben de lo que hablo. Se trata de algo tan desagradable que hace que *Jerry Springer* parezca un programa para todo público. No voy a entrar en detalles gráficos, pero digamos que la violación sexual por parte de un hermano mayor a su hermana pequeña es la primera ficha de un millar de trágicas fichas de dominó. Así que quédense conmigo, si pueden soportarlo, mientras les doy una visión general de la disfuncional y dañada familia de David. Es importante conocer estos hechos para entender lo que sucede luego con Siba y Fibo.

Uno de los hijos del rey, Amnón, desea a una de las hijas del rey, Tamar (si llevas la cuenta, eso los hace medio hermanos: mismo papá, diferente mamá). En lugar de llevar su tentación al Señor, rendir cuentas y sincerarse con sus supervisores, pedir oración, o incluso ir al gimnasio para hacer una de esas extenuantes rutinas de piernas, Amnón elabora y ejecuta un plan para violarla. Tamar no solo es violada sexualmente, por atroz que eso sea, sino que también es humillada socialmente y rechazada por su comunidad. Sin tener culpa alguna, Tamar es considerada una "mercancía dañada" a partir de ese día.

La Biblia dice: "Cuando el rey David oyó todo esto, se enojó mucho" (2 Samuel 13:21). Bueno, está bien. La ira puede ser un buen punto de partida si al final conduce a la justicia. Pero las Escrituras nos dicen que David se enfadó, lo superó y siguió adelante.

Detengámonos aquí y asimilemos eso. Sí, era una época y una cultura diferente, pero ¿en serio? Tengo tres hermosas hijas, amigo. Si eso sucediera, alguien tendría mis manos encima inmediatamente (para ser claro, no para orar), y yo terminaría saliendo en las noticias (de nuevo). Escúchame: creo en la resolución de conflictos con calma y serenidad, pero cuando se trata de mis bebés... No puedo prometer nada. Sigue orando por mí; Dios aún no ha terminado conmigo. ¿Hay padres leyendo esto que me entiendan?

La pobre Tamar, que no puede permitirse el lujo de seguir adelante, se refugia en casa de otro de sus hermanos, Absalón, quien se enfurece con Amnón por lo que hizo. Y se llena de rabia cuando se da cuenta de que David —su padre, *el rey,* quien tiene el poder supremo para proteger y vengar— no le hará justicia a Tamar juzgando a su hermanastro violador. Como David no hace nada, Absalón trama un plan para matar a Amnón, y otra ficha de dominó cae cuando lleva a cabo su malvado plan.

Ahora escucha esto: nadie responsabiliza a Amnón de la violación, y nadie responsabiliza a Absalón del asesinato. La Biblia dice que David llora a su hijo Amnón "muchos días" mientras Absalón huye del país. Permanece lejos durante tres años hasta que "el rey David se consumía por ver a Absalón, porque ya se había consolado de la muerte de Amnón" (2 Samuel 13:39). Absalón pasa desapercibido en la vecina región de Gesur y espera a que papi supere lo sucedido y siga adelante.

¡Finalmente, papá lo hace!

El rey permite que Absalón regrese a Jerusalén, como si nada del desagradable asunto de Tamar y Amnón hubiera ocurrido. Como si ser hijo del rey, le permite a Absalón, literalmente, salirse con la suya.

Sé que esto suena descabellado y de cierta forma imposible hoy en día. Pero te digo que muchas familias de hoy permiten que el efecto dominó de la disfunción las divida y las devaste cada temporada navideña. ¡Es más, olvídate de las vacaciones porque hay drama cada vez que la familia se junta! Se lanzan dardos afilados —palabras, acciones, entorno y exposición— a las personas que se supone que amamos. Inevitablemente, aunque no lo demuestren, alguien sale dañado. Sabemos que hay problemas. Sabemos que hay dolor. Sentimos la presión, pero nadie habla de ello. Seguimos como siempre, como si nunca hubiera pasado nada.

> **Las heridas sanan correctamente cuando se las trata correctamente.**

¿Te suena familiar?

Nos hemos creído eso de que el tiempo cura todas las heridas, pero es mentira. Las heridas sanan correctamente cuando se las trata correctamente.

La justicia del Rey

El tiempo pasa y Absalón derriba otra ficha de dominó. Trama otro plan, esta vez cargado de ironía. Empieza por presentarse temprano todos los días a la puerta de la ciudad, donde la gente acude a pedirle —adivina— justicia al rey:

> Se levantaba temprano y se ponía a la vera del camino, junto a la entrada de la ciudad. Cuando pasaba alguien que iba a ver al rey para resolver un pleito, Absalón lo llamaba y le preguntaba de qué pueblo venía. Aquel le decía de qué tribu israelita era y Absalón aseguraba: "Tu demanda es muy justa, pero no habrá quien te escuche de parte del rey". Enseguida añadía: "¡Ojalá me pusieran por juez en el país!

Todo el que tuviera un pleito o una demanda vendría a mí y yo le haría justicia".

Además de esto, si alguien se acercaba para postrarse ante él, Absalón le tendía los brazos, lo abrazaba y lo saludaba con un beso. Esto hacía Absalón con todos los israelitas que iban a ver al rey para que les resolviera algún asunto, y así fue ganándose el cariño del pueblo. (2 Samuel 15:2-6)

¿Ves la ironía? El hermano asesino se gana el corazón del pueblo prometiendo lo mismo que David no ha cumplido en el caso de Absalón: *justicia*. Y con la fuerza de esas promesas, el hijo levanta una rebelión contra el reinado de su padre. Al final, Absalón se escabulle de la ciudad, reúne un ejército con gente de todas las tribus de Israel y regresa para apoderarse del trono.

Cuando David se entera de todo, decide que su única medida, si quiere evitar una guerra civil, es abandonar la ciudad y dejar que las fichas de dominó caigan donde tengan que caer. Tal vez Absalón cometa un error fatal. Quizá el pueblo se vuelva contra su hijo, asesino del hermano y usurpador del trono. Pero si David decide enfrentarse a Absalón, toda la nación estará en guerra contra sí misma.

¿Quién es culpable de todo este desorden?

Definitivamente, no Tamar. Ella es la única persona en esta sórdida telenovela que realmente es una víctima (*no fue su culpa*) y no ha causado daño. Amnón es un buen candidato para cargar con la culpa. Violar a tu hermana es una canallada propia de la Edad Oscura. Pero, al fin y al cabo, la lujuria de Amnón es una secuela de un entorno de daño. Absalón tampoco un santo a los ojos de nadie. Lanza muchos dardos, y al menos uno de ellos resulta mortal. Pero, al final del día, se ha permitido que su ira aumente sin control.

Los defectos de los hijos son el efecto dominó del daño del padre. David puede pensar que Absalón lo está saboteando, pero la verdad es que el sabotaje es un trabajo interno. Comienza en silencio, oculto en el interior de David, mucho antes de que provoque la rebelión de su hijo. Me pregunto cómo será la diana del daño de David.

¿Golpeó un dardo al niño David en el área del rechazo cuando su padre no se molestó en invitarlo a conocer al profeta Samuel?

¿Golpeó un dardo al adolescente David en el área del abuso cuando el rey Saúl le ordenó tocar música y luego le arrojó lanzas?

¿Golpeó un dardo al joven David en el área del éxito acelerado cuando toda la nación celebró sus victorias sobre los enemigos de Israel?

Recuerda, elevación no equivale a sanación. David es rey de toda una nación, pero la única persona que ha ido con él a todas partes es él mismo. Llevas a tu verdadero yo contigo a donde quiera que vayas. Su daño sin sanar está debilitando a su familia y su reinado. Considera cómo David trata a Mefiboset y cómo trata a Tamar. Cuando se trata del hijo de su mejor amigo fallecido, toma medidas extraordinarias para mostrar bondad y ofrecer restauración. Cuando se trata de su propia hija, deja caer el asunto y no dice una palabra.

Su daño es un obstáculo para su paternidad y para su reinado, sin darse cuenta de ello. ¡Cuán diferentes podrían haber sido las cosas si David hubiera hecho el trabajo de sanar (como el que tú estás haciendo ahora) y hubiera recibido la restauración de Dios! Ojalá hubiera dado prioridad a la sanidad y hubiera abordado el paso tres.

> Llevas a tu verdadero yo contigo a donde quiera que vayas.

1. Recordar el golpe. (Hecho.)
2. Reconocer el dolor. (Hecho.)
3. Darse cuenta del obstáculo. (Es momento de hacer esto.)
4. Volver a la humildad.
5. Recibir la sanidad de Dios.

3. Darse cuenta del obstáculo

Saca la viga de tu ojo.

Sabotaje silencioso

¿No es curioso lo fácil que es ver el papel higiénico pegado al zapato de otra persona? ¿Cómo es posible que no se den cuenta? Esos tres o cuatro cuadrados de brillante color blanco son una enorme valla silenciosa que anuncia exactamente dónde han estado y qué han estado haciendo. Van por ahí arrastrando la evidencia, y no tienen ni idea.

A veces nuestro daño es así: fácil de ver para los demás e invisible para nosotros. Antes de juzgar al rey David con demasiada dureza, quiero admitir que me siento identificado. Yo también he permitido que un daño sin sanar se convierta en un obstáculo, no porque no me importara o porque fuera imprudente, sino porque no lo sabía. No lo veía. No entendía.

No me daba cuenta de que mi obsesión por la grandeza me privaba de las alegrías cotidianas.

No me daba cuenta de que cuando cambiaba lo bueno por lo grande, me perdía momentos significativos que nunca podría recuperar.

No me daba cuenta de que exigir la perfección a los demás les privaba de la oportunidad de crecer.

No me daba cuenta de que idolatrar el ideal me enviaría al aislamiento.

Mi obsesión por la grandeza fue una adaptación al daño (¡*nunca me dejaban tocar*!) que me sirvió durante muchos años en muchos entornos, hasta que ya no funcionó más. Hasta que un día mi esposa me preguntó: "¿Por qué eres así?" y me di cuenta de que *algo* (aún no sabía qué) me estaba limitando para ser todo lo que Dios había diseñado en mí y para mí. Natalie vio el metafórico papel higiénico pegado a la suela de mi zapato y me dijo: "Debes encargarte de eso".

> **Me di cuenta de que mi daño era un obstáculo para mi presente y mi futuro.**

Fue una de las revelaciones más significativas que he recibido en esta época de mi vida: me di cuenta de que mi daño era un obstáculo para mi presente y mi futuro. Si permanecía roto y sin sanar, mis relaciones se verían restringidas. Mi destino podría retrasarse. Mi futuro podría perderse. Mis sueños podrían convertirse en pesadillas. Mis seres queridos podrían sentirse desconectados. Si nunca me bajaba de la rueda de hámster del éxito, mi cordura estaría en peligro.

La Iglesia de la Transformación me ha oído decir "Progresión, no perfección" aproximadamente 5,487,322 veces. (Estoy bastante seguro de que lo he dicho al menos dos veces en este libro. Tal vez tres veces. Bueno, cuatro). Pero la verdad es que empecé a decirlo para animar y apoyar a otras personas *muuuuuucho* antes de creérmelo yo. El progreso estaba bien para los demás. ¡Por supuesto que Dios no esperaba que *tú* fueras perfecto! El progreso era suficientemente bueno para Dios y para otras personas, pero para Mike Todd, era grandeza o nada.

Cuando me di cuenta de lo hipócrita que era, supe que había llegado el momento de escuchar a Dios, entender progresivamente, compartir íntimamente y llegar al corazón del asunto. Y el corazón del asunto es que mi daño era un obstáculo.

Un prototipo de progresión

Cuando tenía quince años, mi pastor de jóvenes, Terrell Taylor, me eligió para dirigir el grupo góspel de mis compañeros. Nos llamábamos "Una generación de alabanza". Hubo trajes audaces y coloridos, sesiones de fotos muy serias y coreografías que harían feliz a Usher.

Pasamos cuatro años —en la época de la adolescencia, eso es esencialmente la eternidad— trabajando en un álbum de diecinueve canciones que titulamos "El prototipo". Ese disco era mi vida. Mi padre me ayudó a convertir el armario de mi habitación en una cabina de voz insonorizada, y cambié mi cómoda cama por un futón delgadísimo para tener un "sofá" en la "sala de controles". Durante cuatro años dediqué significativa cantidad de tiempo cada día para producir y perfeccionar dicha obra magna. Sentía que era lo más importante que haría. Era el trabajo de mi vida. Así que quería lograr que cada ajuste de reverberación, cada retardo, cada ecualización, fuera exactamente lo correcto. Estaba en busca de la perfección, y me esforzaba todos los días por lograrlo.

Enviamos las mezclas finales a masterizar, prensar e imprimir, y luego ensayamos durante horas y horas para nuestro gran concierto de lanzamiento. Aquella noche lanzaríamos "El prototipo" al mundo: vendería millones de copias y todos los músicos importantes que admirábamos lo amarían (no he dicho "Grammy", pero lo pensaba).

Todos trabajamos muy duro. Hubo mucho sudor y más que suficientes lágrimas. Todos queríamos que fuera perfecto.

Bueno. No lo fue.

No hace falta haber visto las comedias adolescentes de los noventa para adivinar que el gran concierto fue un fracaso. Tuvimos problemas de sonido toda la noche que nos desconcentraron musicalmente, y no fuimos capaces de reproducir en directo lo que tanto nos había costado conseguir en el estudio. Fue una gran decepción para todos nosotros.

Pero especialmente para mí.

Todo ese trabajo, cuatro años de mi vida, ¿para *esto*?

Un concierto de presentación decepcionante y unas ventas no tan buenas anularon el valor de "El prototipo" para mí. Se volvió inmediatamente irrelevante. Nunca volví a escucharlo. Durante más de una década, ignoré activamente cuando otras personas lo escuchaban. Si lo oía en otra parte de la casa, en la iglesia o en el auto de alguien, me daba vergüenza. Me transportaba de vuelta al lugar del daño.

Esto duró años y años, hasta que básicamente había borrado "El prototipo" de mi memoria. Ahora adelantemos hasta hace unos meses: algunos de mis primos y mi hermano pequeño Graceson habían venido a unirse a mi entrenamiento de los domingos por la mañana. Llegamos todos al gimnasio y yo estaba aceptando peticiones de música para cargar una lista de reproducción, cuando mi prima Chelsea gritó: "¡El prototipo!", y todo el mundo se volvió loco.

—¡Sí!

—Ponlo!

—¡Eso es!

—¡Pon mi canción, no te saltes ninguna!

Resulta que "El prototipo" sigue siendo uno de los favoritos de la fanaticada.

Así que en ese momento me enfrenté a una decisión: ¿apagarlo o dejarlo estar?

Por mucho que no quería tener un recordatorio de setenta y tres minutos de mi fracaso, decidí seguir la corriente. Para mi sorpresa, el álbum apareció de inmediato en Apple Music, así que presioné el botón de reproducción para no ser aguafiestas y comencé a hacer mi rutina de estiramiento y calentamiento.

Durante más de una hora, vi a mi hermano y a mis primos cantar a pleno pulmón, armonizando con tanta facilidad que pude notar que lo habían escuchado muchas (muchísimas) veces. De vez en cuando, incluso hacían una pausa en sus repeticiones para igualar una ejecución vocal particularmente intrincada. Su evidente afecto y aprecio por algo que yo había hecho hacía tanto tiempo se volvió contagioso incluso para mi entrenador, quien comenzó a bailar mientras ponía más peso en las barras. Esa experiencia comenzó a calentar mi corazón.

Pero lo más inesperado es esto: "El prototipo" es bueno. Realmente bueno.

Los arreglos son sólidos. Los ritmos no se detienen. Las voces son exuberantes y estratificadas, pero claras como el cristal, y hay algunos momentos musicales realmente emocionantes que, de alguna manera, logré capturar en mi estudio/armario. Escuchar mi trabajo creativo con oídos nuevos ese día me trajo a la mente estas palabras de Jesús:

¿Cómo puedes decirle a tu hermano: "Déjame sacarte la astilla del ojo", cuando ahí tienes una viga en el tuyo? ¡Hipócrita!, saca primero la viga de tu propio ojo, entonces verás con claridad para sacar la astilla del ojo de tu hermano. (Mateo 7:4-5)

Durante ese entrenamiento me di cuenta de que había descubierto otra forma en que mi obsesión por la grandeza era un obstáculo para mí. No podía apreciar mi propio buen trabajo y, lo que es más importante, el buen trabajo de Dios a través de mí. ¡Hablemos de autosabotaje!

Si eres como yo, el autosabotaje no es tu meta, pero corregirlo es tu trabajo ahora. No estás tratando conscientemente de perjudicar tus relaciones, tus actividades creativas, tu carrera y tu futuro éxito. Pero ahora es tiempo de asumir la responsabilidad de darte cuenta del obstáculo.

Date cuenta de que la pasividad te alejará de tu propósito.

Date cuenta de que la falta de perdón te alejará de la comprensión.

Date cuenta de que las excusas te alejarán de la ejecución.

Date cuenta de que la mala comunicación te alejará de la conexión.

Date cuenta de que la procrastinación te alejará del avance.

Date cuenta de que la mentalidad de víctima te alejará de ver la victoria.

Date cuenta de que el hablar negativamente sobre ti mismo te alejará de amarte.

Date cuenta de que compararte con otros te alejará de la vida en comunidad.

Date cuenta de que el daño sin sanar te alejará de tu destino.

Sé consciente, amigo: Es *muuuuuy* difícil ver el autosabotaje por ti mismo. Por eso, te recomiendo que hagas la siguiente actividad con un amigo de confianza, piadoso, o con un grupo pequeño que te conozca lo suficiente como para decirte, con amor, la verdad de cómo tu daño obstaculiza tu camino.

En la tabla, en la columna de la izquierda, escribe las mentiras que crees o has creído fundamentadas en tus heridas. Luego de exponer las mentiras del enemigo, escribe la verdad como Dios la ve en la columna de la derecha (he anotado algunos ejemplos para que empieces. También encontrarás una tabla extra al final del libro si quieres continuar con el ejercicio).

LAS MENTIRAS DEL ENEMIGO	LOS OJOS DE MI CREADOR
Simplemente seguiré adelante hasta que colapse.	Descansar forma parte del diseño de Dios para mí.
Estas mentiras piadosas no son gran cosa.	Dios me creó para una intimidad honesta.
Todo el mundo tiene algo de arrogancia.	Estoy hecho para manifestar el fruto del Espíritu.
No soy capaz de enfrentarme a los conflictos familiares.	El Espíritu de Dios me capacita para hablar con la verdad a los que más quiero.
Todo lo que no sea grandeza me convierte en un fracasado.	Dios me invita a sentarme a su mesa de gracia, pase lo que pase.

Un dominó de disfunción puede iniciar una reacción en cadena de interacciones negativas: palabras de odio, acciones hirientes, despliegues violentos y entornos tóxicos. Eso es lo que ocurre en la familia de David, porque él no puede o no está dispuesto a darse cuenta de que su daño es un estorbo para sí mismo y para muchos otros.

Pero un dominó de sanación también puede iniciar una revolución del perdón, lo que conduce a una vida de amor, de corazones llenos de armonía, y unidad indiscutible. Mi reto para ti es este: inclina la pieza de dominó en dirección hacia la sanidad. No dejes que tu daño sea un obstáculo.

CONTROL DE DAÑOS

Historias en conflicto

Retomemos la historia de Fibo y David.

Años antes, David había confiado en el momento oportuno de Dios para subir al trono, en lugar de luchar contra el rey Saúl para conseguirlo. Ahora, a pesar de sus defectos como padre y como rey, decide volver a confiar en Dios, en lugar de luchar contra Absalón para quedarse con el trono.

Y allí es donde encontramos al rey y su entorno: a duras penas han logrado salir de Jerusalén y están un poco más allá del Monte de los Olivos... y adivinen quién aparece.

¡Siba!

El bueno de Siba, el administrador de propiedades y capataz del rancho de Mefiboset. Siba está allí con algunos animales de carga que llevan comida y vino para el rey y su familia. ¡Qué considerado! ¡Qué oportuno! Qué bien pensado, Siba.

Entonces el rey preguntó:

—¿Dónde está el nieto de tu amo?

—Se quedó en Jerusalén —respondió Siba—. Él se imagina que ahora la nación de Israel le va a devolver el reino de su abuelo.

—Bueno —respondió el rey—, todo lo que antes fue de Mefiboset ahora es tuyo.

—¡Humildemente me postro ante usted! —exclamó Siba—. ¡Que cuente yo siempre con el favor de mi señor y rey! (2 Samuel 16:3-4)

¡Fibo, no! ¿Te volviste contra el Rey David? ¿Mordiste la mano que te alimentaba? Después de todo lo que el rey ha hecho para bendecirte, no puedo creer esta deslealtad y traición. ¡Eres un mentiroso! ¡Un tramposo! ¡Embaucador! ¡Rompecorazones! (Que quede en tus antecedentes).

Cuando me pongo en las sandalias de David, honestamente encuentro la historia de Siba fácil de creer. Es decir, si tu propio hijo te ha traicionado y está tratando de derrocarte, probablemente no es sorprendente que el nieto del viejo rey esté tratando de hacer lo mismo. Si lo hace Absalón, ¿por qué no Mefiboset?

¿Fibo también me está traicionando? Tendrá que tomar turno en la fila.

La reacción de David es transferir a Siba todo lo que tiene Mefiboset. (Yo sería menos precipitado y me tomaría un tiempo para enterarme de los detalles, pero el rey estaba teniendo un día infernal y no se encontraba en su mejor momento).

Sin embargo, la versión de Fibo es diferente a la de Siba. Según el informe de Fibo —que le entrega a David cuando el rey regresa a Jerusalén después de la muerte de Absalón (*¡spoiler alert!*)—, Siba omitió algunos detalles clave e inventó un par más.

También Mefiboset, el nieto de Saúl, salió a recibir al rey. No se había lavado los pies ni la ropa, ni se había recortado el bigote, desde el día en que el rey tuvo que irse hasta que regresó sano y salvo. Cuando llegó de Jerusalén para recibir al rey, este le preguntó:

—Mefiboset, ¿por qué no viniste conmigo?

—Mi señor y rey, como este servidor suyo es cojo, yo quería que me aparejaran un asno para montar y así poder acompañarlo. Pero mi criado Siba me traicionó, y ahora me ha calumniado ante mi señor el rey. Sin embargo, mi señor el rey es como un ángel de Dios y puede hacer conmigo lo que mejor le parezca. (2 Samuel 19:24-27)

Lo que tenemos aquí es un caso extremo de "tu palabra contra la mía". Las dos historias están en conflicto. Los detalles no coinciden. Fibo dice que Siba lo traicionó. Siba dice que Fibo traicionó al rey. ¿Quién está diciendo la verdad?

Aquí hay un giro que puede que no esperes (yo no lo hice): La Biblia no lo dice. ¿*Qué*? En serio, la Palabra de Dios no dice directamente cuál de los dos está diciendo la verdad y cuál está mintiendo.

Cuando leí esta historia por primera vez, pensé: *¿Le faltan páginas a mi Biblia? ¿Cómo es que no me van a contar lo que pasó entre Fibo y Siba?*

Pero luego profundicé un poco y descubrí que el narrador utiliza una técnica en la que se basan todos los grandes directores de cine: *mostrar* en lugar de *contar*. Como lectores, se supone que debemos echar un segundo e incluso un tercer vistazo para ver lo que realmente está pasando. No está deletreado, pero todo lo que necesitamos saber está ahí, en los detalles.

Cuando miramos más de cerca, Fibo nos muestra que se encuentra en el cuarto paso del proceso de sanidad.

1. Recordar el golpe. (Hecho.)
2. Reconocer el dolor. (Hecho.)
3. Darse cuenta del obstáculo. (Hecho.)
4. **Volver a la humildad. (Es momento de hacer esto.)**
5. Recibir la sanidad de Dios.

¿Sabes lo que es el control de daños? Es cuando la situación está cayendo en picada y haces todo lo posible para evitar que se desplome. Suena estresante, ¿verdad? Pero Fibo no entra en pánico.

Tú tampoco debes entrar en pánico.

4. Volver a la humildad

Toma el camino más bajo.

Estoy loco por ti

Viajo mucho y, en las raras ocasiones en las que llego temprano a mi vuelo, me encanta ver a la gente correr a la puerta de embarque de un avión que está a punto de despegar. Es divertidísimo. Si vuelas en un vuelo comercial y llegas tarde, será mejor que corras. Y digo *correr*. No importa quién seas, cuánto dinero ganes, cuánto peses, con cuánta gente viajes, tu origen étnico o la última vez que hiciste ejercicio: cuando las puertas de embarque estén a punto de cerrarse, ¡corre, Forrest, corre! Si te importa más lucir bien y en control, perderás tu vuelo.

A veces vale la pena perder la dignidad para llegar a tu destino. Confieso que más de una vez he tenido que perder mi actitud fresca y genial para alcanzar mi vuelo de conexión.

Mefiboset entiende ese concepto.

Lo primero que hay que notar sobre el estado de Fibo cuando el rey regresa es que el hombre apesta. Huele muy mal. Necesita ducharse y afeitarse y cambiarse de ropa. La túnica que lleva podría sostenerse por sí sola y deberían quemarla lejos de

> **A veces vale la pena perder la dignidad para llegar a tu destino.**

todo aquel que disfrute de respirar aire fresco. Uno pensaría que Fibo haría algún esfuerzo por arreglarse y asearse antes de salir al encuentro del rey, ¿verdad? Pero cuando estudiamos las normas culturales de ese tiempo y lugar, descubrimos que su descuido intencional nos muestra cómo sortear una tormenta de circunstancias potencialmente perjudiciales en lugar de dejarse arrastrar.

Déjame explicarte.

Algo de la situación de Fibo me suena. Algo sobre una evacuación de emergencia del palacio... Ah, ya recuerdo. Pasó por algo exactamente igual cuando tenía cinco años, ¿recuerdas? Cuando la persona asignada para ayudarlo, su niñera, lo dejó caer, dañando sus piernas para el resto de su vida.

Y ahora, años después, hay otra situación de evacuación del palacio, y Siba es la persona asignada para ayudar. Pero según Fibo, en lugar de ensillar el burro para que su jefe pudiera estar cerca del rey, Siba se aleja de sus responsabilidades y deja atrás a Fibo, intentando dañarlo de nuevo.

En ese momento, Fibo tiene que tomar una decisión. Puede dejar que las acciones de Siba lo destruyan y permitir que Lodebar vuelva a su vida. O puede dejar que todo el tiempo que ha pasado con el rey moldee su respuesta en un repentino cambio de circunstancias.

Su aspecto (y, seamos sinceros, su olor) cuando David regresa a la ciudad revela la decisión que ha tomado. Es común en muchas culturas expresar el dolor de una manera física y obvia, llorar tanto interior como exteriormente. En la época de Fibo, la gente mostraba su dolor sustituyendo su ropa usual por telas baratas que se usaban para guardar granos. También se untaban cenizas en la piel y el pelo. La suciedad de Fibo es evidencia de que no se puso un atuendo de gala para celebrar el derrocamiento de David. No se arregló para darle la bienvenida a Absalón, el insurrecto. Deliberadamente dejó de lavarse y peinarse para demostrar dónde descansaban sus lealtades. Quiere que todo el mundo, incluido el legítimo rey, sepa que es #EquipoDavid hasta los huesos, a vida o muerte.

No es una decisión de poco riesgo. Piénsalo: toda la corte real del rey David —esposas, hijos, generales del ejército, cocineros, mozos de cuadra, todo el mundo— abandona el palacio, y Fibo se queda completamente solo. No puede llegar muy lejos sin ayuda. Los sirvientes del rey lo llevaron al palacio, y en el palacio es donde se quedará a menos que alguien se lo lleve. ¡Y el maldito Absalón se acerca! Lo más inteligente sería seguirle la corriente al nuevo, jugar a dos bandos para intentar sobrevivir, sea cual fuere el desenlace de este drama familiar.

En vez del papel de inteligente, Mefiboset asume el papel de hombre fiel. Le da igual parecer tonto; solo le importa mantener su relación con el rey. Se vuelve humilde. Toma el camino más bajo.

Seré sincero contigo: Esto es difícil para mí, pero tal vez no de la manera que piensas. Lo más difícil no es ser humilde, abierto y transparente sobre las cosas estúpidas y pecaminosas que he hecho —adicción al porno, sexo prematrimonial, fraude con el seguro del coche, etc.—, porque sé que el enemigo es derrotado por la sangre del Cordero (gracia) y la palabra de mi testimonio (Apocalipsis 12:11). Hablar de mis fracasos me hace responsable y mantiene al diablo derrotado. Lo difícil para mí es ser vulnerable. Parecer débil. Decir ¡*ouch*! Desearía ser fuerte, sentirme orgulloso y genial, y de todos modo recibir sanidad… sabes a qué me refiero. Pero simplemente no es posible. La humildad abre espacio para el Espíritu Santo.

A medida que avanzaba por la lista de pasos hacia la sanidad, recordaba el golpe (¡Nunca me dejaban tocar!), reconocía el dolor y me daba cuenta del obstáculo. Pero si quería llegar al paso número cinco, necesitaba escuchar a Dios, entender progresivamente, compartir íntimamente y llegar al corazón

> La humildad abre espacio para el Espíritu Santo.

del asunto. Y el corazón del asunto es que yo era un hombre adulto cuyo interior de niño de trece años herido necesitaba un abrazo de Jesús.

Amigo, eso no tiene nada de *genial*. No hay manera de darle la vuelta y salir de allí con la cabeza en alto.

Y es por eso que mi hombre Fibo es el prototipo. Ropa apestosa, pies olorosos, pelo enmarañado, nada de eso le importa. Solo le importa el rey. Solo la opinión del rey cuenta. Quiero ser como Mefiboset.

El Rey sabe qué es lo mejor

Cuando mis hijos hacen un desastre o cometen un error, corren *hacia* mí, no *lejos* de mí. No se esconden. Quieren la ayuda de papá. "¡Papi, ayúdame!", se grita, susurra o solloza en casa de los Todd al menos una vez al día, y luego recibo algo manchado, pegajoso, roto, descompuesto o todo lo anterior. Mis hijos no tienen miedo de decirme cuando meten la pata y no tienen miedo de pedirme que lo arregle. La humildad es natural cuando hay confianza, y mis hijos confían en que yo sé lo que es mejor.

Más o menos al mismo tiempo que descubrí que mi resistencia a ser vulnerable era un obstáculo para mi sanidad, también descubrí que no confiaba en Dios como mis hijos confían en mí. En lugar de correr al Padre en cuanto me sentía perjudicado por los demás o por mí mismo, intentaba resolverlo por mi cuenta y luego le presentaba una solución. Me convencía de que estaba ayudando a Dios, como si eso fuera posible. Luego, vi cómo se manejaba Mefiboset con el rey David, y aprendí.

Y ahora me ha calumniado ante mi señor el rey. Sin embargo, mi señor el rey es como un ángel de Dios y puede hacer conmigo lo que mejor le parezca. (2 Samuel 19:27)

Espera. ¿Qué? ¿Por qué Fibo no argumenta su caso? ¿Por qué no presenta todas las pruebas? ¿Por qué no le explica al rey, punto por punto, todas las formas en que Siba lo ha dañado? Porque Mefiboset confía en David. El rey ha demostrado una y otra vez ser amable, generoso y digno de confianza. Ha cumplido cada una de las promesas que le hizo a Fibo aquel primer día en la sala del trono.

Fibo es lo suficientemente humilde como para creer que el rey sabe lo que es mejor. ¿Eres lo suficientemente humilde para creer que nuestro Rey sabe qué es lo mejor? Yo quiero ser lo bastante humilde para creerlo todo el día, todos los días. La verdad es que, cuanto más confío en Él, más fácil me resulta.

Él nunca me ha fallado.

Él nunca me ha sido infiel.

Él nunca ha dejado de encontrar una solución.

Él nunca me ha dejado plantado.

Él nunca me ha abandonado.

Él nunca me ha descuidado.

Él nunca ha abusado de mí.

Él nunca me ha rechazado.

Últimamente he estado practicando ese profundo nivel de confianza en que "el Rey sabe lo que es mejor". Cuando algo no sale como yo quiero, oro: "Señor, tú sabes lo que es mejor". Incluso cuando no lo *siento* en lo más profundo (todavía), estoy practicando ese nivel de profunda confianza:

Señor, Tú sabes lo que es mejor para mi relación. Confío en Ti.

Señor, Tú sabes lo que es mejor para mis finanzas. Confío en Ti.

Señor, Tú sabes lo que es mejor para mi carrera. Confío en Ti.

Señor, Tú sabes lo que es mejor para mi familia. Confío en Ti.

Señor, Tú sabes más sobre mi influencia. Confío en Ti.

Señor, Tú sabes cuál es el momento oportuno. Confío en Ti.

Señor, Tú sabes más sobre mi futuro. Confío en Ti.

Ahora es tu turno. Puede que aún no lo sientas, y eso está bien. La confianza requiere práctica, y no hay mejor momento para empezar (este ejercicio también se encuentra al final del libro).

Señor, Tú sabes lo que es mejor para ——————————.
Confío en Ti.

Señor, Tú sabes lo que es mejor para ——————————.
Confío en Ti.

Señor, Tú sabes lo que es mejor para ——————————.
Confío en Ti.

Señor, Tú sabes lo que es mejor para ——————————.
Confío en Ti.

Señor, Tú sabes lo que es mejor para ——————————.
Confío en Ti.

Señor, Tú sabes lo que es mejor para ——————————.
Confío en Ti.

Cerca del Rey

Pero Mefiboset va incluso un paso más allá en la confianza. Mira lo que le dice a David: "No hay nadie en mi familia paterna que no merezca la muerte en presencia de mi señor el rey. A pesar de eso, usted le concedió a este servidor suyo comer en la mesa real. ¿Qué derecho tengo de pedirle algo más a Su Majestad?". "Él puede quedarse con todo", respondió Mefiboset; "a mí me basta con que mi señor el rey haya regresado a su palacio sano y salvo". (Versículos 28, 30)

Permíteme decirlo de otra manera, para que quede claro lo que quiere decir Fibo: "Rey David, lo que más me importa es estar cerca de ti. Todo lo demás —propiedad, riqueza, estatus— no es más que la salsa sobre el puré de papas o la cereza del pastel. Todo eso es grandioso, y de verdad lo agradezco, pero puedo vivir sin ello. Estar en tu presencia, comer en tu mesa, eso es lo único que me importa, porque eso es lo que cambió mi vida. Solo quiero ser parte de tu historia".

Esa clase de humildad me quita el aliento. ¿Recuerdas lo que Jesús ora en el Huerto de Getsemaní antes de su arresto? "Padre mío, si es posible, no me hagas beber este trago amargo. Pero no sea lo que yo quiero, sino lo que quieres tú" (Mateo 26:39). El Hijo no insiste en que las cosas sean a su manera. Quiere hacer la voluntad de su Padre, formar parte de su historia. Y eso lo conduce hasta la cruz.

Con un aspecto andrajoso e inadecuado para la ocasión, Mefiboset nos muestra cómo es seguir a Jesús. No se trata de lo extraordinario, sino de la intimidad. No se trata del espectáculo, sino del lugar secreto. No se trata de lo que obtengo; se trata de llegar a conocer a Dios.

La mayor recompensa de llevarle tu daño a Dios no es que Él te sane (aunque eso es impresionante). La mayor recompensa de llevarle tu daño a Dios es conocer a tu Diseñador.

> **La mayor recompensa de llevarle tu daño a Dios es conocer a tu Diseñador.**

Te prometo que esto es lo que descubrirás después de un tiempo significativo viviendo en la casa del

Rey y disfrutando de su presencia: Él vale más que todas las bendiciones juntas. Más que las relaciones familiares amorosas. Más que la seguridad financiera. Más que la salud mental y emocional. Más que la vivificante intimidad en el matrimonio. Más que el éxito y la influencia. Más que cualquier propósito.

Honestamente, creo que todas esas bendiciones y más son lo que nuestro Diseñador tiene en mente para nosotros; también creo que Él está listo para derramarlas cuando estemos listos para recibirlas. Pero *sé*, después de caminar con el Rey durante un buen tiempo, que el propósito de esas bendiciones es llevarnos más profundamente a la Fuente de todas ellas.

10

DAÑOS DE DISEÑADOR

El nombre lo es todo

No es ningún secreto que soy fanático de las zapatillas deportivas. Lo sería incluso si trabajara en el correo, pero resulta que soy pastor. Hay algo simplemente especial en unas Jordan 1 frescas, unas Yeezy sin estrenar o unas exóticas Louis Vuitton (descansa en paz, Virgil).

En mayo de 2022, la casa de diseño de alta costura Balenciaga presentó versiones dañadas de su popular zapatilla París. La original es una zapatilla de baloncesto mejorada de los años sesenta que puede ser alta, baja o sin cordones. Las versiones dañadas estaban disponibles en dos niveles de deterioro: "pequeños arañazos" o la edición limitada "totalmente destruida" (adivina cuál de las dos era la más costosa).

Balenciaga no es la primera marca de alta costura que ofrece daños por diseño. La zapatilla Screener de Gucci, de $950, existe desde hace cuatro años, pero al mirarla, uno juraría que ha estado guardada en el fondo de un armario durante cuatro o cinco décadas. Lucen muy usadas.

El "efecto *vintage*" y la "pátina envejecida" de estas zapatillas no son aleatorios. El daño se elabora cuidadosamente para lograr exactamente lo que el diseñador tiene en mente. La etiqueta del diseñador, el sello de aprobación del creador, es lo que importa. Eso es lo que da valor a las zapatillas París de Balenciaga. Puede que te veas tentado a pensar que puedes comprar unas Chuck Taylor All Stars de imitación por $8.99, atacarlas con un cuchillo y un marcador, y conseguir el mismo efecto. Pero cuando termines, solo tendrás un par de Chucks falsas y maltrechas.

Lo que más importa es el nombre que lleva el objeto, porque el valor está profundamente vinculado al nombre. Cuando entregas tu vida a Cristo, recibes un nombre nuevo. Su nombre. El nombre que está por encima de todos los nombres. En el nombre de Jesús se doblará toda rodilla, y toda lengua confesará que Jesucristo es el Señor (Filipenses 2:9-11). Es el nombre que hace temblar a los demonios y huir a las enfermedades. Es el nombre que apacigua las tormentas y calma el mar. Es el nombre que da esperanza y sanidad a un mundo perdido y roto. Es el nombre por el cual todas las personas serán salvas.

El nombre de Jesús.

Cuando Jesús te reclama como suyo, llevas su nombre. ¡Eres de diseñador, bebé! Tu valor está atado al nombre que llevas. Nunca te pongas en oferta. Nunca rebajes lo que vales. Nunca ofrezcas descuento por tu daño. Porque el Diseñador ha puesto en ti lo más valioso que te hayas atrevido a imaginar.

La belleza puede estar en el ojo de quien mira, pero el valor está en el corazón del Creador. Lo que te estoy diciendo es esto: No importa por lo que hayas pasado, lo valioso sigue dentro de ti gracias a quien te diseñó.

Permíteme ser claro: no creo que Dios cause daño, pero sí creo que lo utiliza. Él no provocó lo que me pasó siendo un baterista de trece años que quería tocar en una iglesia grande. Pero recibir su sanidad por esa herida me ha convencido de que, para nuestro Diseñador, todo daño es material utilizable.

> **El peso de la sanación recae sobre Él.**

Él no causó el rechazo, pero, a través del proceso de sanidad, convirtió mi obsesión por la grandeza en obediencia y agradecimiento.

Es hora de que todos demos el último paso en el proceso de sanar.

1. Recordar el golpe. (Hecho.)
2. Reconocer el dolor. (Hecho.)
3. Darse cuenta del obstáculo. (Hecho.)
4. Volver a la humildad. (Hecho.)
5. **Recibir la sanidad de Dios. (Vamos a ello.)**

Los cuatro primeros pasos de este proceso nos preparan para el quinto paso, pero no podemos dar este último por nosotros mismos. El trabajo que estamos haciendo nos abre a la obra de Dios, pero el peso de la sanidad recae sobre Él. Sanar es un regalo, y nuestro Padre celestial da buenos regalos a los que piden (Mateo 7:11).

5. Recibe la sanidad de Dios

Deja que el Diseñador haga su trabajo.

Liberación sigilosa

La liberación completa puede suceder en un momento. He visto adictos liberados en una fracción de segundo. He visto diagnósticos terminales cambiar después de una oración. He visto a personas deprimidas invadidas por el gozo durante la adoración.

Pero muchas veces (tal vez la mayoría de las veces), la liberación es gradual. Ocurre con el tiempo, sin que el radar lo note, en la oscuridad, a tus espaldas, cuando no estás mirando. A veces solo te das cuenta cuando ya sucedió, como cuando tomas una decisión diferente a la que hubieras tomado hace un año o cuando tu respuesta frente a cierta situación o persona ya no es la misma, sino que es sorprendentemente diferente. *Algo ha cambiado*, piensas en tu interior. *Oh, espera. Soy yo el que cambié.*

Empecé a darme cuenta de mi liberación de la obsesión por la grandeza cuando mi esposa me necesitó junto a ella en su propio viaje de sanidad. Habíamos recibido un golpe como familia: como mencioné en el capítulo 1, a nuestro único hijo, Michael Jr. (MJ), le diagnosticaron autismo. En un parpadeo, cancelé seis meses de compromisos como conferencista porque Natalie me necesitaba, y yo también necesitaba espacio para procesar el golpe.

Tomar esa decisión no fue difícil, pero antes de ese momento sí que habría sido complicado. Fue entonces cuando empecé a discernir mi liberación: cuando me di cuenta de lo fácil que me resultaba elegir el bien de mi familia por encima de la grandeza de mi plataforma.

Gracias, Señor, respiré. *Recibo tu sanidad.*

Desde mi desayuno con Tim Ross hasta el día en que tuve la certeza de haber recibido la sanidad de Dios, transcurrió aproximadamente un año. Durante ese tiempo, me concentré en escuchar a Dios, entender progresivamente, compartir íntimamente y llegar al corazón del asunto. En el servicio con la congregación, en la oración, en la conversación con Nat y un pequeño círculo de amigos de confianza, fui quitando capa tras capa de daño. Repasé la lista de pasos.

Recordé el golpe.

Reconocí el dolor.

Me di cuenta del obstáculo.

Y volví a la humildad.

Entonces, cuando empecé a elegir consistentemente lo bueno sobre lo grandioso, supe que había experimentado la sanidad de Dios. Él estaba transformando mi daño en mi destino.

Está más que bien si todavía no has llegado a ese punto, mi amigo. Por favor, no te asustes. Confía en el Diseñador y recuerda: progresión, no perfección. Mantente humilde, abierto y transparente, y enfócate en el trabajo para avanzar en el proceso, porque así es como la liberación hace su sigilosa aparición.

Cuando las cosas se ponen feas

Una manera de confirmar que estás en el camino de la sanidad es viendo lo que pasa cuando recibes un nuevo golpe.

¿Recuerdas el incidente del escupitajo? (Refresca tu memoria en el capítulo cinco). Mi saliva hizo estallar internet el domingo 16 de enero de 2022, y el martes estaba en un balcón con vistas a un viñedo en Napa Valley, intentando silenciar mi cerebro. Solo habían pasado un par de horas desde que el video se hizo viral para darme cuenta de que tenía que dejar de escuchar a la multitud y empezar a escuchar a Cristo. Necesitaba escuchar del cielo, no de Instagram, así que me hacía falta ir a un lugar tranquilo y apagar mi teléfono. Necesitaba compartir íntimamente con amigos de confianza llenos del Espíritu que pudieran escuchar a Dios conmigo y ayudarme a entender progresivamente qué demonios acababa de suceder. Así que, en el último minuto, Nat y yo nos unimos a nuestros mejores amigos, Brie y su esposo, Aaron, en un viaje que ellos ya tenían planeado al norte de California.

Lo que Escuché de Dios es que debía buscar una silla y sentarme a su mesa de gracia y comer algo. Así que me senté tranquilamente en su presencia en ese balcón y esperé a recibir alimento. Observé a los trabajadores que cortaban las parras secas, marrones, sin frutos. Nunca había estado en la región vinícola, y me di cuenta de que todas las fotos que había visto de viñedos los mostraban verdes y repletos de fruta madura. No sabía que no había nada de elegante ni agradable en cuidar las viñas en invierno. No ponen esas fotos en los folletos turísticos. Para ser sincero, es un poco feo, incluso brutal, como si estuvieran sacando a las viñas de su miseria, para que pasaran a mejor vida.

Sentado allí en silencio, escuché al Rey recordarme sus palabras en Juan 15:

> Yo soy la vid verdadera y mi Padre es el labrador. Toda rama que en mí no da fruto la corta; pero toda rama que da fruto la poda para que dé más fruto todavía. Ustedes ya están limpios por la palabra que les he comunicado. Permanezcan en mí y yo permaneceré en ustedes. Así como ninguna rama puede dar fruto por sí misma, sino que tiene que permanecer en la vid, así tampoco ustedes pueden dar fruto si no permanecen en mí. (Versículos 1-4)

El Rey me decía: "Te estoy podando para que produzcas más fruto. Quédate cerca de mí y estarás bien".

Lo que llegué a comprender durante esos días en Napa fue que las reacciones de la gente ante el escándalo no tenían nada que ver conmigo, y que lo que Dios hiciera con esas reacciones tampoco tenía que ver conmigo. Entendí que el Diseñador usaría todo el daño para Su gloria. Lo que el enemigo había hecho para el mal, Dios lo volvió para el bien y, gracias a la sanidad que ya había recibido (*¡Nunca me dejaban tocar, pero lo valioso sigue intacto dentro de mí!*), lo que era suficientemente bueno para Dios al fin era suficientemente bueno para mí.

Compartir íntimamente con Natalie, Aaron y Brie me ayudó a excavar y remover las capas más profundas del dolor. Escondido y a salvo con mis seres más queridos, pude decir lo mucho que me dolía que me malinterpretaran públicamente. Cuando hablamos y nuestros amigos de confianza nos devuelven lo que nos han oído decir, nuestros pensamientos y sentimientos pasan por un filtro, un proceso de destilación o clarificación. Las preguntas de mis amigos de confianza me aportaron claridad. Su empatía me ayudó a mantenerme conectado con mis emociones. Nuestras risas (muchas risas) me devolvieron la vida. El hecho de que compartieran su propia travesía me ayudó a sentirme seguro para compartir aún más profundamente.

Cuando llegué al Corazón del asunto, descubrí que seguía preocupándome por la opinión de las multitudes, en lugar de estar plenamente seguro en lo que Cristo me había llamado a hacer. Había construido un ídolo con la buena opinión de la gente, y ese golpe público a mi reputación fue una oportunidad para sanar. El último día de nuestro viaje a Napa, fuimos a la playa, que siempre es un lugar de apertura espiritual para mí. Allí de pie en la arena, con las frías olas rompiéndose a mis pies, Escuché a Dios: "Yo creé esta playa y tú estás asombrado. ¡Pero también te creé a ti! Déjame a mí, y a nadie más, definir lo que he diseñado".

Daños que reflejan al Diseñador

El proceso de sanidad suele tomar meses, años o décadas, sobre todo en el caso de traumas de la niñez. Pero puede tomar solo días, incluso horas, una vez que adquirimos el hábito de sanar. Esa fue mi experiencia cuando el asunto de la saliva se hizo viral. Gracias a lo que había aprendido sanando el rechazo y la decepción de mi adolescencia, ya estaba preparado para el proceso. No lo hizo más fácil, pero ya sabía qué esperar.

Independientemente del tiempo que tomara, el patrón y el sistema eran los mismos. Al recordar el golpe, reconocer el dolor, darnos cuenta del obstáculo y volver a la humildad, nos disponemos para recibir la sanidad de Dios. Permíteme desglosar el proceso para que puedas ver cómo se desarrolló el patrón en mi vida en enero de 2022:

1. **Recordé el golpe con facilidad** porque estaba fresco.
2. **Reconocí el dolor inmediatamente.** Me dolió que personas a las que consideraba amigas se distanciaran de mí sin tener siquiera una conversación. Me dolió que criticaran a mi familia (especialmente a mi hermano Brentom). Me dolió que algunos críticos utilizaran el videoclip para "demostrar" algo que suponían saber sobre mí. Me dolió que todo el bien que la Iglesia de la Transformación hace en nuestra comunidad y en el mundo se viera ensombrecido en un momento. ¿Eso de que "los palos y las piedras pueden romper mis huesos, pero las palabras nunca pueden herirme"? Un completo disparate. Las palabras son dardos que pueden causar un daño atroz.
3. **Me di cuenta de que mi reacción podía ser un obstáculo.** En cuarto grado, cuando el Estúpido Derek acosaba a mi hermano mayor, descubrí que mis palabras tienen poder, y que podía usar ese poder para el bien o para el mal, como el Dr. Jekyll y el señor Hyde. (¿Recuerdas? En esa historia, el Dr. Jekyll inventa una pócima que lo ayuda a ponerse en contacto con sus deseos más oscuros. Se transforma en Mr. Hyde, y pasan cosas malas). Sabía que, si había veneno en mi corazón, saldría a través de mis palabras. Ese veneno iba a infectar —en vez de afectar— a las personas a quienes se supone que debía ayudar. Ceder a mis impulsos más oscuros de ponerme a la defensiva y atacar no ayudaría a nadie. Tenía que apagar al Sr. Hyde y convertirme en el Sr. Heal

(Sanador), concentrándome en cómo usar mis palabras para el bien.

4. **Volví a la humildad** y publiqué un video de disculpa. No me defendí. Corrí hacia Dios, lo que sentí como una huida —de acuerdo con el eneagrama, soy número ocho, "El retador" y no me gusta huir—, así que fue un desafío. Me volví vulnerable. Me sometí a la insistencia de Nat de mantenerme alejado de las redes sociales durante dos semanas. Volví a mi tarea que consistía en predicar una serie titulada "Aquí está lo santo" (¡qué ironía!) en la Iglesia de la Transformación. O me humillaba para sanar bajo la poderosa mano de Dios o me dejaba humillar por mi ignorancia. Solo podía oír al ministro Kendrick Lamar diciendo: "Siéntate... Sé humilde".*

5. Cuando entré en la iglesia el domingo siguiente, ya sabía **que había empezado a recibir la sanidad de Dios.** Se confirmó de una manera inesperada. Justo antes de salir a predicar, mi hermano pequeño Brentom (es más joven pero más grande) me envolvió en un abrazo de oso que me llevó a hacer algo que nunca había hecho antes: romper en llanto. Sollozando en sus brazos. Amigos, lloré feo, jadeando, de puro agradecimiento y alivio. Mi respuesta fue el epítome de la vulnerabilidad y exactamente lo opuesto a lo que habría hecho si todavía hubiera estado en un espacio de heridas sin sanar. Fue entonces cuando supe que estaba a salvo. Estaba completo. Estaba sanando.

Los artesanos italianos del siglo XVI inventaron lo que se conoce como espejos venecianos. Estas intrincadas obras de arte están hechas totalmente de cristal, incluidos los marcos,

* Kendrick Lamar, "Humble", *Damn,* Top Dawg Entertainment, 2017.

que se fijan minuciosamente con pequeños tornillos hechos a mano a un gran panel central de cristal reflectante. Todas las superficies expuestas de un espejo veneciano son reflectantes. Así, en lugar de un único reflejo, un espejo veneciano refleja varios ángulos ligeramente diferentes, ofreciendo una imagen más completa del sujeto que se encuentra ante el cristal.

Sin embargo, la mayoría de los espejos venecianos actuales no se fabrican en Italia. Son de estilo veneciano, pero hechos en China, la India o en otros lugares. Pero esto es lo interesante: una de las principales formas en las que los expertos evalúan la autenticidad de un espejo veneciano antiguo es observando sus daños. Con el tiempo, incluso las superficies que eran impecables empiezan a burbujear, oscurecerse y agrietarse. Entonces, si un espejo veneciano tiene poco o ningún daño, es improbable que sea genuino. Si un espejo veneciano tiene los bordes oscuros o está ligeramente ondulado en el centro, con el marco astillado o agrietado, un valuador sabe que el daño es indicio de autenticidad. El daño es prueba de que es valioso. Los golpes, las astillas, las grietas y los desperfectos demuestran que la obra de arte es lo que dice ser: un trabajo artesanal, único, elaborado por un artista de Venecia, Italia.

Mi diana de daños va a recibir más impactos a medida que pase el tiempo. Mi colega, el apóstol Pablo, me dice que "me arme con el escudo de la fe con que podré apagar todos los dardos de fuego del diablo" (Efesios 6:16). Nuestro enemigo, el diablo, "anda como león rugiente, buscando a quien devorar" (1 Pedro 5:8). Yo espero estar en su lista de objetivos, porque eso significaría que estoy haciendo algo que no le gusta. El plan es asaltar el infierno.

Los golpes son un hecho. Me golpearán a mí. Te golpearán a ti.

Mi oración es que las herramientas que he compartido transparentemente en este libro te ayuden a escuchar, entender, compartir y llegar al corazón del asunto, y que le permitas a Jesús, el Sanador, ocuparse del daño en ti. Si escuchas a Dios, entiendes progresivamente y compartes íntimamente, puedes llegar al corazón del asunto. Y el corazón del asunto es que tienes un lugar en la mesa del Rey. Cada superficie, cada faceta, cada imperfección, le mostrará al mundo quién te hizo.

Sí, estás dañado, pero no estás destruido.

Lo valioso sigue intacto dentro de ti.

LA SANIDAD NO SE DETIENE

Sanar no suele ser un proceso bonito o sencillo. Hay que repetir pasos, practicar verdades y, a veces, descubrir otras heridas a medida que nos acercamos al Corazón del asunto. Todo eso es normal. Recuerda, sanar no consiste en lucir bien, sino en llegar a la presencia del Rey.

La ecuación del daño

Aprender esta ecuación ha cambiado radicalmente mi vida y la de quienes me rodean. Si haces tu trabajo en esta sección, también te transformará a ti. Así se ve la ecuación del daño:

dardo + ámbito o área = daño

Déjame mostrarte un ejemplo:

"Eres estúpido" + abuso = inseguridad

(DARDO: PALABRA)   (ÁMBITO O ÁREA)   (DAÑO)

Ahora es tu turno. Relájate, busca un lugar cómodo y usa tu imaginación para volver a tu niñez y visitar al pequeño tú.

1. **Recuerda** la primera vez que experimentaste decepción, rechazo, abuso, negligencia o uno de los otros ámbitos o áreas de daño (la lista completa está en las páginas 46 y 47). ¿Cuál fue el ámbito o área de tu golpe?
2. **Identifica** qué tipo de dardo se utilizó. ¿Fueron palabras? ¿Fue una acción? ¿Te expusieron? ¿Te rodeaba un entorno tóxico?
3. **Explica** en una o dos palabras cómo se manifiesta esa herida en tu vida actual. Este es el paso en el que tienes que ser humilde, abierto y transparente.

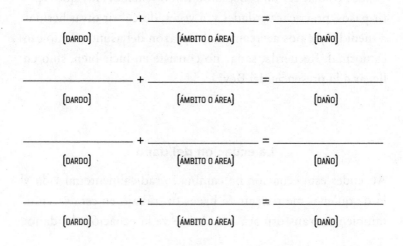

_____ + _____ = _____

　　　(DARDO)　　　　　　(ÁMBITO O ÁREA)　　　　　(DAÑO)

_____ + _____ = _____

　　　(DARDO)　　　　　　(ÁMBITO O ÁREA)　　　　　(DAÑO)

_____ + _____ = _____

　　　(DARDO)　　　　　　(ÁMBITO O ÁREA)　　　　　(DAÑO)

_____ + _____ = _____

　　　(DARDO)　　　　　　(ÁMBITO O ÁREA)　　　　　(DAÑO)

El tablero del daño

Familiaricémonos con nuestro tablero diseñado por Dios. Cada indicador muestra un par de impulsos, hábitos o actitudes opuestas que indican daño en el motor. Idealmente, cuando dejamos que nuestra sanidad avance y guíe, nos situaremos en algún lugar saludablemente al centro. Pero cuando nos dejamos llevar por nuestro daño, cada uno de nosotros se va a un extremo poco saludable, y esos extremos indican que necesitamos una afinación.

¿Hacia dónde va tu aguja cuando estás bajo presión? Tómate unos minutos para mirar tu tablero. Silencio y respiración profunda. En cada uno de los indicadores que aparecen a continuación, dibuja tu marca personal.

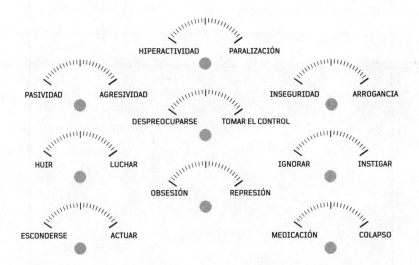

Ahora que has analizado bien tus indicadores de daño, considera y ora sobre cómo podrías pedir ayuda para avanzar hacia lo saludable.

La mesa del Rey

Cuando ya no quieras sentirte como un perro muerto, utiliza estas páginas para recordar que eres bienvenido a la mesa de gracia del Rey.

En el espacio de la página siguiente, escribe o dibuja lo que más pesa en tu mente o corazón en este momento, especialmente sobre ti mismo. ¿Qué mensajes, pensamientos o sentimientos te impiden sentirte bienvenido a la mesa del Rey? Sé concreto y descriptivo.

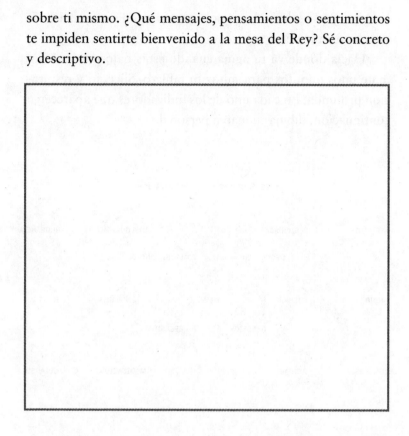

Ahora vamos a sustituir esa vieja forma de pensar. Ve a la página 183 y recorta el otro recuadro en blanco. Pega esa hoja en blanco sobre lo que acabas de escribir o dibujar. Decora este nuevo espacio con imágenes, palabras o versículos de las Escrituras que te recuerden la gracia infinita de Dios.

Cada vez que necesites un recordatorio de la gracia que siempre y para siempre está disponible para ti, vuelve a visitar esta página para Escuchar a Dios.

La mesa de la gracia está preparada para ti. Siéntate.

Tus fotografías del "antes"

Un paso importante hacia la sanidad es tomar una fotografía instantánea de nuestro estado actual. Debemos aparecer como *realmente* somos en nuestra foto del "antes". Sin filtros. Luego, hagamos un inventario de todo lo que nos ha dolido.

En los siguientes cuadros, dibuja o escribe sobre tus heridas emocionales, mentales, espirituales y/o físicas provocadas por daños en el pasado. Incluye la palabra *ouch* en al menos uno, porque a veces hay que decirlo.

Sí, reconocer tus heridas es doloroso. Este nivel de autoconocimiento es difícil, pero creo que tu foto del "después" hará que valga la pena todo el trabajo que estás haciendo, con la ayuda del Espíritu Santo.

Cuando reconoces el dolor, abres espacio para la gracia.

Darme cuenta del obstáculo que es mi daño

Sé consciente, amigo: es muy difícil ver el autosabotaje por ti mismo. La actividad que encontrarás aquí es mejor hacerla con un amigo de confianza, piadoso, o con un grupo pequeño que te conozca lo suficiente como para decirte, con amor, la verdad de cómo tu daño obstaculiza tu camino.

En la columna de la izquierda de la tabla escribe las mentiras que crees o has creído fundamentadas en tus heridas. Luego de exponer las mentiras del enemigo, escribe la verdad como Dios la ve en la columna de la derecha (he anotado algunos ejemplos para que empieces).

Refiérete a la verdad del Creador cada vez que sientas cómo las mentiras del enemigo te jalan hacia el lado equivocado.

LAS MENTIRAS DEL ENEMIGO	LOS OJOS DE MI CREADOR
Simplemente seguiré adelante hasta que colapse.	Descansar forma parte del diseño de Dios para mí.

LAS MENTIRAS DEL ENEMIGO	LOS OJOS DE MI CREADOR

Señor, Tú sabes lo que es mejor

Cuando la vida no va como quisiéramos, podemos orar: "Señor, Tú sabes qué es lo mejor". Incluso cuando no lo sentimos en lo más profundo (todavía), podemos practicar la confianza profunda.

¿Eres lo suficientemente humilde para creer que nuestro Rey es digno de confianza? Como nuestro amigo Fibo, seamos lo suficientemente humildes como para creer todo el día, todos los días, que el Rey sabe lo que es mejor. La verdad es que, cuanto más confiamos en Él, más fácil nos resulta. Permíteme que empiece: "Señor, Tú sabes lo que es mejor para mi relación. Confío en Ti. Señor, Tú sabes más sobre mi futuro. Confío en Ti".

Ahora es tu turno. Puede que aún no lo sientas, y no pasa nada. La confianza requiere práctica, y no hay mejor momento para empezar que ahora mismo.

Señor, Tú sabes lo que es mejor para ———————.
Confío en Ti.

Señor, Tú sabes lo que es mejor para ———————.
Confío en Ti.

Señor, Tú sabes lo que es mejor para ———————.
Confío en Ti.

Señor, Tú sabes lo que es mejor para ———————.
Confío en Ti.

Señor, Tú sabes lo que es mejor para ———————.
Confío en Ti.

Señor, Tú sabes lo que es mejor para ———————.
Confío en Ti.

Lo que la Biblia dice sobre quién eres

Si necesitas que Dios te confirme directamente lo valioso que eres, aquí tienes algunos pasajes de la Biblia para reflexionar. Puedes consultarlos en una Biblia física, con una aplicación bíblica como YouVersion, o buscándolos en internet.

- Romanos 8:29
- 1 Pedro 2:9
- Efesios 2:10
- Juan 15:15
- Romanos 6:6
- 1 Juan 3:1
- Hebreos 4:16
- 2 Timoteo 1:9
- 2 Corintios 5:17
- Gálatas 2:20
- Jeremías 1:5
- Colosenses 3:3
- Filipenses 3:20
- Salmo 139:14
- Mateo 5:14
- Isaías 43:4

AGRADECIMIENTOS

Cada logro en mi vida ha recibido el apoyo en amor y oración por algunas personas muy importantes, y esta no es la excepción. He sido bendecido al estar rodeado de una multitud de personas que levantan, ejecutan y creen en la visión que Dios me ha dado. Me gustaría aprovechar este momento para agradecer a mi comunidad, mi equipo, mi familia.

A quien es mi esposa y mucho más, Natalie Diane Todd. Tu amor por mí es inconcebible. Gracias por no abandonarme jamás a pesar de mis deficiencias, inseguridad e inmadurez. Tus oraciones, tu gracia y tu paciencia me han permitido convertirme en el hombre que soy. Gracias por nuestros hijos, Isabella, Michael Jr., Ava y Gia: traen mucha felicidad a mi vida. Me afirmas y me animas; me empujas más allá de mi comprensión del éxito. Serás por siempre mi compañera, mi pasión y mi propósito.

A mis padres, Tommy, alias "El Capitán", y Brenda Todd, gracias por su abundante sabiduría y por creer incesantemente en mí. Su ánimo, oraciones y ejemplos de fe me han convertido en el hombre que soy. Gracias por mostrarme cómo guiar a mi familia con amor incondicional, gracia abundante y fortaleza. Gracias por ser la mejor representación del amor de nuestro Padre celestial aquí en esta tierra. A Brie y Aaron Davis, amigos convertidos en la hermana y el hermano que nunca supe que podían existir, gracias por estar siempre a mi lado. Gracias por su persistente autenticidad en nuestra amistad. A través de cada proyecto fallido y de cada aventura exitosa, ambos han sido un consistente sistema de apoyo. Gracias por acompañarme en este viaje y por ser todo lo que he necesitado que fueran. Y gracias por permitirme usar su casa como mi "oficina de escritura de libros" personal.

A Charles Metcalf, uno de mis mejores amigos, samurái creativo y especialista en la ejecución de sermones, gracias por escuchar todas mis locas ideas y creer en ellas a la primera. Me das el espacio para soñar y ver esas visiones más allá de nuestras fronteras actuales. Me siento seguro confiándote las versiones crudas —sin editar y sin pulir— de mí, y oro para que cada líder tenga su propio Charles Metcalf.

A Jonathan Vinnett, gracias por ilustrar las visiones de mi corazón con tanta claridad. Durante años has hecho que mis palabras cobren vida y has iluminado las ideas que a veces no podía articular adecuadamente. Tu capacidad para ver más allá de lo tangible me ha dado el privilegio de crear con la confianza de que mi visión será interpretada con precisión ante el mundo. Gracias por crecer conmigo en este viaje de creatividad en constante evolución.

A Alex Field, mi agente literario, gracias por desempeñar un papel decisivo para hacer realidad este sueño. Gracias por tu orientación, apoyo y confianza durante el proceso de este proyecto. Has estado a mi lado en cada paso del camino, compartiendo tu sabiduría y dándome ánimos siempre que ha sido necesario. Gracias por creer en la visión que se me dio. Gracias por creer en mí.

A Aly Hawkins y Channing McBride, gracias por sus numerosas contribuciones a este proyecto. Sin ustedes, esto no sería posible. Su competencia en el ámbito literario ha garantizado que este libro se creara e interpretara con excelencia. Gracias por tomarse el tiempo de compartir esta experiencia conmigo, ayudándome a organizar mis abundantes pensamientos.

Al equipo de WaterBrook, gracias por su compromiso con la ejecución y finalización de este proyecto. El gozo, el entusiasmo y la energía que todos han aportado han hecho de esta una experiencia inolvidablemente agradable. Su atención a los detalles y su enfoque incluso en las cosas más pequeñas me hizo confiar en que estaba trabajando con el equipo adecuado. Aprecio mucho todo su intenso trabajo y esfuerzo.

A la Iglesia de la Transformación y a la Nación IT, ¡esto es para ustedes! Gracias por su amor, apoyo y oraciones por mí y por mi familia. El afecto inquebrantable que siento de ustedes me motiva a seguir cumpliendo mi propósito. Al personal de la IT, gracias a todos por su continua dedicación y compromiso con la visión y los socios de IT. Gracias por permitirme representar a Dios fuera de las paredes de nuestra iglesia. Me siento humildemente honrado porque me permiten ser su líder.

SOBRE EL AUTOR

Michael Todd es el pastor principal de la Iglesia de la Transformación en Tulsa, Oklahoma, junto a su esposa, Natalie. La Iglesia de la Transformación les fue confiada por el pastor fundador, el obispo Gary McIntosh, en 2015, después de quince años de liderazgo.

Su filosofía personal y la pasión que los mueve en la Iglesia de la Transformación es volver a presentar a Dios ante los perdidos y encontrados para que se transformen en Cristo. Aspiran a llegar a su comunidad, a su ciudad y al mundo con el evangelio de Jesucristo, presentándolo de manera relevante y progresiva. Puedes encontrar más información acerca de la Iglesia de la Transformación en www.transformchurch.us.

Todd es también autor de múltiples bestsellers del *New York Times*, incluyendo *Relationship Goals* y *Crazy Faith*. Cada año habla en iglesias influyentes y conferencias, como Elevation Church, VOUSCon, XO Marriage Conference, Gateway Church, entre otras. Michael y Natalie están casados desde 2010 y viven en Tulsa con sus cuatro hijos: Isabella Monet, Michael Jr., Ava Rae y Gia Joy.

Puedes encontrar más información en @iammiketodd y www.iammiketodd.com